CW01649179

HEYNE
BÜCHER

Lisa Reinhard

»Sometimes I wish I were an Angel«

Die Kelly Family und ihre Erfolge

Originalausgabe

Wilhelm Heyne Verlag
München

ALLGEMEINE REIHE
01/9801

Bildnachweis

action press
S. 43; (Jensen); 63; 82; 94 (Zipp); 107 (Jensen); 110 (Jensen); 116 (Succo); 119; 121; 122 (Krug); 124; 135; Bildteil S. 15 (Jensen); Bildteil S. 17 (Jensen); Bildteil S. 21 unten (Jesp.)
bold bilderdienst
S. 69 (Göttlicher); 86 (Göttlicher); 128; 138 (Brill); 140 oben und unten (Brill); 151 (Göttlicher); 152 (Göttlicher); Bildteil S. 1 (Göttlicher); Bildteil S. 23 unten (Brill); Bildteil S. 24
dpa
S. 9, 11, 13, 18, 22, 25 (Klar)
Fotex
S. 27 (M. Schröder); 31 (M. Schröder); 33 (M. Schröder); 38 (M. Schröder); 45 (M. Schröder); 53 (F. Reinhold); 57 (F. Reinhold); 61 (M. Schröder); 65 (M. Schröder); 66 (M. Schröder); 70 (M. Schröder); 72 (R. Drechsler); 75 (M. Schröder); 79 (M. Schröder); 88 (M. Schröder); 93 (M. Schröder); 97 (M. Schröder); 100 (M. Schröder); Bildteil S. 2 (M. Schröder); Bildteil S. 9 (F. Reinhold); Bildteil S. 11 (M. Schröder); Bildteil S. 13 (F. Reinhold); Bildteil S. 20 (M. Schröder); Bildteil S. 21 oben (F. Reinhold); Bildteil S. 23 oben (M. Schröder)
JAT-Photo
S. 35; 37; 41; 149; Bildteil S. 7; B22
Set
S. 131; 132; 136; 142; 145; 146; Bildteil S. 5; Bildteil S. 19

Copyright © 1995 by Wilhelm Heyne Verlag
GmbH & Co. KG, München
Printed in Germany 1995
Umschlagillustrationen: Ullstein Bilderdienst/POP-EYE, Berlin (Vorderseite), Fotex/F. Reinhold, Hamburg (Rückseite)
Umschlaggestaltung: Atelier Ingrid Schütz
Satz: DTP
Herstellung: Andrea Cobré
Druck und Verarbeitung: Presse-Druck, Augsburg

ISBN: 3-453-09537-5

Inhalt

Die irische Familie Kelly – eine schöne Legende

In kaum einem Bericht über die Kelly Family fehlt der Hinweis auf die irische Herkunft der Musiker. Und immer wieder loben Kritiker die Fähigkeit der Familienmitglieder, in den selbstgeschriebenen Songs Rock- und Popeinflüsse auf dem Fundament ihrer irischen Tradition zu einem typischen Sound zu verarbeiten. Tja, schade: Außer Paddy wurde in Wirklichkeit keines der Kelly Kids in Irland geboren, Vater Dan und Mutter Barbara lebten in den USA, und bisher reichte es für die Familie nie zu mehr als ein paar Monaten auf der »Grünen Insel«.

Immerhin: Der Stammbaum der Kellys schlägt seine Wurzeln tatsächlich in irische Erde. Der Ire Sean O'Kelley – Großvater von Angelo, Paddy und den anderen Kelly Kids – soll selbst schon ein begeisterter Musiker und damals recht aktiv mit irischer Folklore gewesen sein. Nachdem er schließlich seiner Heimat den Rücken gekehrt hatte und Ende des vergangenen Jahrhunderts in die Vereinigten Staaten ausgewandert war, mußte er sein Hobby nicht aufgeben: Weit mehr als eine Million Iren sind damals über die Jahrzehnte in die Neue Welt ausgewandert und haben die irischstämmigen Amerikaner zu einer der größten und rührigsten Bevölkerungsgruppen der USA gemacht. Noch heute feiern die irischstämmigen US-Bürger jedes Jahr den St. Patrick's Day, einen hohen Feiertag im irischen Kalender – und unter amerikanischen Nicht-Iren macht gelegentlich der etwas gallige Spruch die Runde, in New York gebe es heute mehr Iren als in Dublin.

In der nächsten Generation ging's für die Familie – inzwischen unter dem etwas amerikanisierten Namen Kelly – kurioserweise wieder zurück über den Atlantik. Vater Daniel, 1930 geboren und seit 1957 mit der klassisch ausgebildeten Tänzerin Barbara Ann verheiratet, hatte im US-Bundesstaat Michigan als Oberschullehrer in den Fächern Latein und Philosophie unterrichtet. Doch 1966 reichte es Papa Dan dann mit dem Dasein im einst so gelobten Land. Zu Hause im US-Bundesstaat Michigan im Norden der Vereinigten Staaten kam er zu dem Schluß, daß er – um ein naturverbundeneres und ehrlicheres Leben führen zu können – auf jeden Fall Nord-amerika verlassen müsse. Angeblich soll er damals sogar den Fernseher zum Fenster hinausgeworfen haben, weil er – wie ihn der ›Spiegel‹ im Januar '95 zitierte – »Angst bekam vor dem American way of life«. Er hatte die Nase voll von Chevrolets und Cheeseburgern, von Cola und Konsumrausch, von Millionenstädten, Wolkenkratzern und Verkehrschaos.

Er hängte seinen Job an den Nagel, verließ mit seiner Frau Barbara und den Kindern Kathy, Danny, Caroline und Paul die Vereinigten Staaten und zog zunächst nach Spanien, wo sich die Kellys jahrelang mit Straßenmusik und dem An- und Verkauf von Antiquitäten über Wasser hielten. »Als wir das erste Mal in das spanische Dorf kamen«, erinnerte sich Kathy im Januar 1995 im Gespräch mit dem Jugendmagazin ›Bravo‹, »saßen dort die alten, schwarzgekleideten Frauen, und wir dachten, das seien böse Hexen. Später wurden sie unsere engsten Vertrau-ten. Mit Problemen konnte man immer zu ihnen kommen. Wir haben den ganzen Tag draußen gespielt, und nach zwei Monaten sprach ich schon fast perfekt Spanisch.«

Auch anderes gab es für Kathy zu lernen: »Ein Mann aus unserem Dorf, der viele Instrumente spielte, war unser wichtigster Lehrer. Mit seiner Tochter lernte ich Akkordeon, dann Banjo, Klavier und anschließend sogar Geige.

Die Geige ist heute immer noch mein Lieblingsinstrument.«

Als Musikantenfamilie unterwegs

Wie Kathy beherrschen auch die anderen Kelly Kids bald mehrere Instrumente, und gemeinsam mit den Eltern tingelten sie in der Umgebung ihres Dorfes, spielten am Straßenrand oder auf Marktplätzen. Allmählich zogen die Kellys in den kommenden Jahren von hier aus in immer

Die meisten Kinder von Dan und Barbara Kelly wurden »auf der Bühne«, genauer: bei Straßenkonzerten groß.

größeren Kreisen durch die Städte und Dörfer Europas. Überall begeisterten sie ihr Publikum, überall schufen sie sich mit ihrem damals stark von irischer und südeuropäischer Folklore geprägtem Repertoire eine erste Fangemeinde. Allmählich erspielten sie sich dadurch einen guten Ruf in der Straßenmusikszene Europas.

Und sobald ein neues Kelly-Kind groß genug geworden war, um eine Gitarre auch nur halten zu können, durfte es mit der Familie auf Tour. Wie Patricia, die mit fünf Jahren ihren ersten Auftritt absolvierte. »Für meinen ersten Auftritt«, erzählte sie einmal, »nähte mir Mutter ein Kostüm: ein Cape mit bunten Schleifen, einen schwarzen Rock und eine weiße Bluse. Wir spielten damals immer in den Restaurants unserer Umgebung. Bei den Konzerten war ich das totale Energiebündel. Das erste Lied, das ich vor Publikum sang, war das spanische Weihnachtslied ›Blanco es el nino‹.«

Nun endlich kam ab und zu auch das nötige Quentchen Glück dazu. Nach einem Konzert auf der Piazza Navona in Rom sprach der Wiener Musikprofessor Tho-mas Christian Kathy an. In einem Interview mit dem österreichischen Nachrichtenmagazin ›news‹ erinnerte sie sich: »Nach einem Konzert auf der Piazza Navona in Rom hat mich ein am Wiener Konservatorium unterrichtender Violin-Professor angesprochen: Thomas Christian. Ich habe ihm vorgespielt, er mußte weinen und hat mir kostenlosen Unterricht angeboten. Kurze Zeit später waren wir vier Monate lang in Wien, und ich habe bei Christian gelernt.«

In Wien besuchten Vater Dan, ein ausgesprochener Zirkusfan, und seine Familie im Frühling 1977 eines Tages den Zirkus Roncalli, mit dem Bernhard Paul damals eine phantasiereichere Form des Zeltspektakels populär machen wollte. Die Kelly Family und Paul freundeten sich

Ein Bild aus glücklichen Tagen: Mutter Barbara Ann, bereits mit Maite schwanger, trägt den 20 Monate alten Paddy auf dem Arm.

an, und die Familie bezog einige Wohnwagen von Roncalli. Als Paul wenig später finanziell in der Bredouille steckte, weil er für einige Vorstellungen die vereinbarte Gage nicht bekam, überraschte ihn die musikalische Großfamilie gehörig. »Vater Kelly hörte von dem Beschiß und handelte«, erzählte er der Zeitschrift ›news‹. »Jeden Vormittag zog er wortlos mit seinen Kindern in die Fußgängerzone Kärntner Straße – wo er oft von der Polizei ge- und verjagt wurde. Am Abend spielte er im Zirkus. Nach einer Woche stellte er einen Sack Geld – so groß wie ein Zementsack – in mein Büro und sagte: ›For you and your dream.‹ Ich zog mich zurück zum Heulen.«

Die Kellys blieben eine Saison lang bei Roncalli, eine Gage bekamen sie dafür allerdings nicht. Sparen war angesagt – und Einfallsreichtum. Jimmy zu ›Bravo‹: »Wir steckten Gras in Kartoffelsäcke und versuchten, die zu verkaufen, um Geld für Süßigkeiten zu bekommen. Als wir in der alten Stollwerckfabrik im Winterlager von Roncalli in Köln auftraten, sind wir nachts immer durchs Fenster in die Süßigkeitenbude eingestiegen.« Und Kathy erinnerte sich vor ein paar Monaten: »Damals waren wir bettelarm. Roncalli-Direktor Bernhard Paul ließ uns eine Saison mit seinem Zirkus reisen, aber Gage konnte er uns keine zahlen. Also zogen wir täglich in die Stadt und spielten in der Kärntner Straße und auf dem Platz vor dem Stephansdom. Oft wurden wir von der Polizei verjagt. Es ist fast unglaublich, daß wir jetzt hier zwei ausverkaufte Konzerte vor je 12000 begeisterten Fans geben.«

Erste Erfolge in Deutschland

Ende der 70er Jahre begannen sich die Kellys auch erste Fans in Deutschland zu erspielen. Damals standen sie zum Beispiel in der Hamburger Mönckebergstraße, einer vielbesuchten Einkaufsmeile, und verblüfften Passanten mit ihrem hörenswerten Folkpop. »So etwas«, berichtete

»Bitte lächeln!« – Vater Dan Kelly schießt ein Foto fürs Familienalbum.

später der Journalist Horst Grewer für die Zeitschrift ›Frau im Spiegel‹, »hatte man dort noch nie gesehen. Vater Dan, großgewachsen, vollbärtig, dominierend. Daneben mit schlichtem Dutt die zart wirkende Mutter Barbara und

Die Kelly Family und ihre Vorbilder

Die Kelly Family ist nicht die erste Familien-Band, die in den internationalen Hitparaden oder in den Konzertsälen der Welt auf sich aufmerksam machte. Hier einige weitere Beispiele für Musiker mit ausgeprägtem Familiensinn.

Familie Trapp

Heute weitgehend aus dem Bewußtsein der Musikfans verschwunden, konnte die Trapp-Familie vor allem in den 30er Jahren riesige Erfolge mit einem ähnlichen Konzept feiern wie die irischstämmigen Kellys in den 90ern. Die Benediktiner-Novizin Maria hatte irgendwann in den 20er Jahren eine Stelle als Kindermädchen beim verwitweten Baron von Trapp angenommen, und sie kümmerte sich so liebevoll um dessen sieben Kinder, daß schließlich auch der Hausherr von seiner hübschen Angestellten schwer beeindruckt war. Und das so sehr, daß er ihr schließlich einen Antrag machte.
1927 heirateten die beiden, und das Paar brachte noch weitere drei Trapp-Kinder zur Welt. Um sich ein paar Mark für die Haushaltskasse dazuzuverdienen, begann Maria von Trapp 1937 mit ihren Kleinen als Amateurchor aufzutreten. Dabei kamen sie so gut an, daß wenig später der Name Trapp-Familie für einen der populärsten Unterhaltungschöre seiner Zeit stand.

Familie Osmond

In den 70er Jahren zählten The Osmonds, ein musikalisches Familienunternehmen aus dem amerikanischen Salt Lake City, zu den absoluten Superstars der Pop-

szene. Ihren ersten Auftritt hatte die Brüder-Band 1962 absolviert, später avancierten Alan, Melvin, Merrill, Jay, Donny und Jimmy zu einer der Attraktio-nen des amerikanischen Freizeitparks Disneyland. Etwa 20 Millionen Platten verkauften The Osmonds und heimsten für Hits wie »Puppy Love« oder »Lonely Boy« Goldene Schallplatten gleich körbeweise ein. Danach wurde es still um die Brüder. Bis 1991 die nächste Generation der Osmonds von sich reden machte: Alan, inzwischen Vater von acht Söhnen, betreute seine Sprößlinge Michael, Nathan, Douglas und David bei deren ersten Gehversuchen im Pop-Geschäft. Allerdings konnten die neuen Osmonds den Erfolg der »Originale« nicht wiederholen.

Familie Jackson

Die zur Zeit wohl prominenteste Musikerdynastie sind die Jacksons. Nachdem Vater Joe die erhoffte Karriere als Profigitarrist versagt geblieben war, baute er fünf seiner neun Kinder unter dem Namen The Jackson 5 zu einer der erfolgreichsten Gruppen des amerikanischen Soul-Labels Motown auf. Nach einem sensationellen Einstand – die drei ersten Singles landeten hintereinander auf Platz 1 der amerikanischen Charts – waren die Jackson-Brüder jahrelang nicht aus den internationalen Hitlisten wegzudenken.
Auch solo hatten die Familienmitglieder einiges zu bieten. Michael, einst als Jüngster der Jackson 5 der Publikumsliebling, mauserte sich in den 80er Jahren zum Megastar der Szene. Seine Schwester Janet macht ihm inzwischen kräftig Konkurrenz. Und auch die Jackson-Kinder LaToya, Rebbie und Jermaine konnten in den Hitparaden immer wieder absahnen.

davor die Schar der Jungen und Mädchen, deren rotblondes Haar im Winde wehte.«

Im selben Jahr schienen es die Kellys geschafft zu haben: Eine deutsche Plattenfirma nahm sie unter Vertrag, die Debüt-Single »Danny Boy« wurde in einigen Ländern Europas zum Achtungserfolg. Vor allem aber die Fernsehshows rissen sich um die Familiengruppe, die mit ihren wallenden Gewändern und den langen Haaren vor der Kamera so imposant wirkte. An die 40 Auftritte in TV-Shows machten die Kelly Family zwar populär wie nie zuvor – doch der Preis, den sie dafür bezahlen mußten, war hoch: Für Straßenmusik, ihre eigentliche Leidenschaft, blieb kaum mehr Zeit. »Das«, verriet Patricia ›Bravo‹ im Dezember '94, »sind schlechte Erinnerungen für mich. Die Jahre davor waren so toll und erlebnisreich, und jetzt zogen wir von Hotel zu Hotel und von einer TV-Show zur anderen. Es war so langweilig! Wir sangen kaum noch live, sondern nur noch zu Playback im Fernsehen. Das machte uns allen keinen Spaß!« Und John fügte hinzu: »Wir hatten damals ein anderes Publikum als heute, die Fans waren nicht so verrückt, wie sie bei Paddy und Angelo heute sind. Aber ich bekam auch damals viele Liebesbriefe. Sie wollten einen Kinderstar aus mir machen, aber mein Vater sagte nein. Ich bin im nachhinein froh, daß er mich davor bewahrt hat.«

Die Mutter stirbt

Schließlich zogen die Kellys einen Schlußstrich und schlugen weitere lukrative Angebote aus. Sie pfiffen aufs große Geschäft und kehrten wieder nach Spanien zurück. Dort mußten sie allerdings bald einen schweren Schicksalsschlag verkraften: Barbara Ann Kelly starb 1982 an Krebs.

Nach dem Tod der Mutter wurde es einige Zeit sehr still um die Familie. Dann, 1984, zogen Dan und die Kinder nach Frankreich, lebten dort unter anderem einige Zeit in Paris und gaben Spontankonzerte in der Metro. Bei einem dieser Auftritte hörte sie auch ein gewisser Eddie Barclay, der gerade mit der Metro auf dem Weg zur Arbeit war. Barclay nahm die Familie kurzerhand unter Vertrag – der rührige Besitzer einer Plattenfirma galt schon damals als Legende in der französischen Musikbranche.

Inzwischen war die Kelly Family in der heutigen Besetzung bereits komplett: Mit Vater Dan und den Kindern Kathy, John, Patricia, Jimmy, Joey, Barby, Paddy, Maite und dem kleinen Angelo. »Wenn die anderen aufgetreten sind«, plauderte Angelo später ›Bravo‹ gegenüber aus dem Nähkästchen, »habe ich meine Spielsachen mitgenommen und auf der Bühne gespielt. Oft bin ich während des Konzertes eingeschlafen. Meine Mutter oder Kathy wollten mich dann von der Bühne tragen, damit ich in Ruhe weiterschlafen kann, aber da bin ich sofort aufgewacht und habe geschrien. Bei dem Lärm auf der Bühne habe ich dagegen hervorragend geschlafen.« Und wo er schon mal auf der Bühne war, konnte es auch zum ersten Auftritt als Musiker nicht mehr allzuweit hin sein: »Ich war damals zweieinhalb Jahre alt. Wir hatten damals den Song ›Hiroshima, I'm Sorry‹ gespielt, und mein Vater kam mit mir an der Hand auf die Bühne. Er hatte ein Mikro und sang. Ich wollte auch singen und riß mich bei einem Auftritt los. Der Song war schon zu Ende, aber ich schnappte mir das Mikro und krähte den Refrain. Das Publikum ist total ausgeflippt, und so sang ich von da an immer den Refrain.«

Doch als der Rummel um die musizierende Großfamilie mit den irischen Vorfahren gerade richtig losgehen wollte, wurde es den Kellys schon wieder zuviel: Sie

Kariert, geschniegelt und in Reih und Glied postiert: Die Kelly Family 1979 in ihrem Bus.

kehrten auch dem französischen Musikbusineß den Rükken, nahmen das nächste Schiff in die USA und tingelten daraufhin acht Monate lang an der amerikanischen Ostküste.

Rückkehr nach Deutschland

1988 schließlich entschloß sich die Familie, sich in Deutschland niederzulassen. Sie kauften sich ihr berühmtes Hausboot, tauften es nach Großvater Sean O'Kelley, gingen in der Nähe von Köln am Rheinufer vor Anker und begannen, mit einem alten Doppeldecker-Bus und einem Lastwagen durch die Republik zu ziehen und in Fußgängerzonen und auf Marktplätzen Konzerte zu geben. Um nicht wieder in der Musikindustrie unter die Räder zu kommen, gründeten sie ihre eigene Plattenfirma Kel-Life und konnten so die Fäden ihrer Karriere selbst in der Hand behalten. Was unter anderem auch zur Folge hatte, daß kein Kelly Kid vor seinem 16. Geburtstag Autogramme geben durfte. Maite erklärte den Grund: »Unser Vater will nicht, daß wir Autogramme geben, bevor wir 16 sind. Wir sollen uns zwischen den Konzerten ausruhen.«

Seither ging es für die Kelly Family stetig und zunehmend steiler bergauf. Wie seit jeher verließen sie sich dabei auch diesmal allein auf ihr musikalisches Talent und ihre anscheinend unbändige Spielfreude. Während andere Bands gerne die Klinken der großen Radiostationen, Zeitschriften oder Tageszeitungen putzen, um sich durch möglichst knallige Interviews interessant zu machen und ihre Karriere zunächst durch die Unterstützung der Medien in Schwung zu bringen, zuckelten Paddy, Angelo, Kathy, Maite, Barby, Jimmy, Joey, John und Patricia statt dessen lieber mit ihrem Tourneebus-Ungetüm durch die Bundesrepublik, um vor Ort mit gelungenen Konzerten alte Fans wieder- und neue dazuzugewinnen. Und so waren die Kellys bald in zahllosen Kleinstädten, auf dem Land und in den Metropolen zu bestaunen. Sie spielten, sangen und tanzten in den Fußgängerzonen, traten auf den Marktplätzen auf – und das alles jeweils ohne Gage.

Hungern mußten sie dabei allerdings nicht. Zum einen hatten die Kellys schon früh gelernt, mit dem Geld hauszuhalten – Brot, Kuchen, nicht einmal Bier oder Tee mußten sie kaufen, sondern sie stellten alles selbst her. Zum anderen zeigten sich viele der Zuschauer ihrer Gratiskonzerte sofort begeistert von den begabten Kindern und ihrem mit Rauschebart und wallender Kutte beinahe charismatisch wirkenden Vater – der Verkauf der selbstproduzierten Platten lief bald wie geschmiert und ließ die Kasse der Kellys kräftig klingeln.

»Das Wichtigste«, erläuterte Kathy einmal die Maxime der Familie, »ist, daß die Menschen bei Live-Auftritten auf der Straße überzeugt werden.« Und das klappte ausgezeichnet. Als zum Beispiel Mike Ungefehr, als ehemaliger Manager der Plattenfirma Dino Records schon einiges gewohnt an Auftritten, die Kellys zum ersten Mal live hörte, war er sprachlos: »Mein Mund ist offen stehengeblieben«, erzählte er einmal. »Bei manchen Liedern mußte ich heulen. Die Energie, die Wärme, die Ehrlichkeit, die da von der Bühne kam, hat mich vom ersten Augenblick an in Beschlag genommen.« Ähnlich erging es auch dem »normalen« Publikum. Ungefehr: »Die kamen, schüttelten mit dem Kopf, blieben stehen – und eine Dreiviertelstunde später kauften sie sich summend eine CD!«

Jahrelang tingelten die Kellys auf diese Weise durchs Land – und nicht immer war das Leben auf Achse das reine Zuckerschlecken. Einmal zum Beispiel, als Paddy irgendwo im Osten Deutschlands seine Geschwister unter freiem Himmel zu einem tollen Konzert mitriß, obwohl sich vor ihnen die Zuschauer bei minus zehn Grad bibbernd in ihren Mänteln zusammenkauerten.

Dann wurde Deutschlands größtes Jugendmagazin, die in München erscheinende Zeitschrift ›Bravo‹, auf die Kelly Family aufmerksam – und mit einer ganzen Serie von Artikeln über die vielversprechende Familien-Band löste das Blatt in den folgenden Monaten einen wahren Kelly-Boom aus. Als im Winter 1994 die Jugendzeitschrift ›Bravo‹ die Pop- und Rock-Fans zu ihrer großen »Hits-Show« in die Halle nach Berlin-Friedrichshain rief, zeigte sich, wie weit oben die Kellys inzwischen in der Gunst der Teenager angelangt waren. Neben den amerikanischen Star-Rockern von Aerosmith,dem Schweizer Dancefloor-Abräumer DJ Bobo, den Jodel-HipHoppern von K2 und den Szene-Helden von Illegal 2001 zählten The Kelly Family zu den Top-Acts des Abends. Die Kellys stahlen mit ihrem Auftritt den meisten Konkurrenten klar die Schau.

Barbara Kelly – die Mutter

Jahrelang war Mutter Barbara Ann der ruhende Pol der Familie. »Unsere Mutter«, erinnerte sich Barby im Oktober 1994 für ›Bravo‹, »war eine sanfte, ruhige Person, immer freundlich und fröhlich. Sie hat es ohne Mühe geschafft, uns zwölf Kinder unter einen Hut zu bringen. Sie hat uns nie angeschrien oder geschlagen. Mutter war früher Ballettänzerin. Als wir die ersten Konzerte machten, war sie noch Ballerina und hat vor den Konzerten immer getanzt.« Und auch Paddy erzählte: »Wir haben viel mit ihr unternommen. Jeden Sonntag sind wir mit unseren Eltern rausgefahren, in den Zoo oder zum Picknick. Am intensivsten erinnere ich mich daran, daß wir mit ihr und Freunden schwimmen waren. Außerdem habe ich ihr beim Backen immer die Butter geklaut und sie so gegessen.«

Gesunde Ernährung ist den Kellys wichtig. Aber schmecken darf's manchmal offenbar auch: »Windbeutelessen« im September 1979.

1981 kam Angelo zur Welt – es sollte ihr letztes Kind werden. Patricia zu ›Bravo‹: »Er war ein echt hübsches Baby und hatte damals schon hellblonde Haare. Angelo kam durch Kaiserschnitt zur Welt, denn unsere Mutter war damals schon an Krebs erkrankt. Sie sagte: ›Er sieht aus wie ein Engel, und so werde ich ihn auch nennen: Angelo Gabriele.‹«

Der Name paßte auch zur Jahreszeit: Geboren wurde Angelo am Tag vor Heiligabend. Durch die Krankheit der

Mutter war die Freude über die Geburt ihres Jüngsten allerdings bereits getrübt. Und als die Mutter 1982 an Krebs starb, traf das die Familie natürlich hart. »Ihr Tod war der erste harte Schlag in meinem Leben«, ließ Patricia ›Bravo‹ im Dezember 1994 hinter die Fassaden blicken. »Es hat Jahre gedauert, bis ich darüber hinwegkam. Doch unsere Mutter hat uns sehr gut darauf vorbereitet. In den letzten zwei Wochen saßen wir jeden Abend bei ihr am Bett, und sie erklärte uns, was geschehen würde: ›Der Tod ist einfach ein Teil des Lebens‹, sagte sie zu uns.«

Der Tod der Mutter hat Spuren hinterlassen, die noch heute unübersehbar sind. Ob die Kellys auf ihrem Hausboot tatsächlich immer einen leeren Stuhl für den Geist der toten Mutter an den gemeinsamen Eßtisch rücken oder ob das lediglich eine makabre Anekdote ist, mit der jemand seinen Bericht über die Familie aufmotzen wollte, sei dahingestellt. Jedenfalls sind die meisten Songs der Gruppe noch heute eine Art musikalische Reverenz vor Barbara Kelly und der Lücke, die sie im täglichen Leben ihrer Angehörigen hinterlassen hat.

Über den herben Schicksalsschlag hinweggeholfen hat den Kellys zum einen sicherlich ihr Glaube an irgendeine Form des Lebens nach dem Tod. Nicht nur der Hit »An Angel« zeigt, wie sehr die Kelly Kids das Bild von Himmel und Hölle, von Engeln und Wiederauferstehung verinnerlicht haben – mit Kutte und Rauschebart wirkte auch Papa Dan bei Fernseh- und Bühnenauftritten häufig wie eine Mischung aus Petrus und Weihnachtsmann. Zum anderen half auch die Musik, die Wunde nach dem Verlust der Mutter zu heilen. »Wir glauben«, wurden die Kellys im Frühjahr 1995 in der Zeitschrift ›Heim und Welt‹ zitiert, »daß unsere tote Mutter im Himmel jedes unserer Lieder hört.« Kathy soll einmal gesagt haben: »›Keep on singing‹ waren ihre letzten Worte – und das ist auch heute noch unser Leitsatz.«

Und so bleiben den Kellys letztendlich nur wehmütige Erinnerungen an die tote Mutter. »Meine Mutter war meine beste Freundin«, erzählte Kathy im Januar 1995 dem Magazin ›Bravo‹. »Wir haben über alles gesprochen, obwohl wir sehr verschieden waren. Ich war feministisch eingestellt, wollte im Studio und auf der Bühne arbeiten und Karriere machen. Aber für meine Mutter waren Kinder und Familie das größte, und sie hat das auf eine so selbstverständliche Art vorgelebt, daß mich das sehr beeinflußt hat.« Und gerade sie kann Angelo bestens verstehen, wenn er sagt: »Es schmerzt mich sehr, daß ich sie nie kennenlernen durfte.«

Dan Kelly – »Mapa« und graue Eminenz

Mal wird er in den Medien als bärtiger Patriarch, mal als despotischer Manager, mal als unerbittliche graue Eminenz geschildert, die hinter den Kulissen geschickt die Fäden zieht, um Ruhm und Reichtum seiner Familie zu mehren. Für seine Kinder ist Dan Kelly schlicht »Mapa«. »Wir nennen ihn so seit dem Tod unserer Mutter«, wird Patricia im Februar 1995 im Jugendmagazin ›S-Infos‹ zitiert, »denn er ist uns Vater und Mutter zugleich. Und unser Manager, denn er wacht mit Argusaugen darüber, daß seine Kids im harten Showgeschäft auch richtig dargestellt und nicht verheizt werden.«

Mitte 1993 rückte die Musik für die Kelly-Kinder erst einmal in den Hintergrund. Vater Dan hatte einen Schlaganfall erlitten und war daraufhin für kurze Zeit halbseitig gelähmt, litt unter Sprachstörungen. Nun zeigte sich, wie wichtig für die Großfamilie der Zusammenhalt war – und wie wenig die Geschichten um die engen Familienbande

›Na, schmeckt's?‹ – Baby Paddy schaut noch etwas skeptisch drein.

bloße Erfindung fürs Image waren. Dan Kelly kämpfte verbissen gegen seine Krankheit an, seine Kinder pflegten ihn rund um die Uhr – und schließlich war das Schlimmste überstanden. »Ich kann schon wieder ohne Hilfe gehen«, sagte er, »und auch das Sprechen fällt mir leichter.« Und Kathy konnte im Interview mit ›Bravo‹ ebenfalls ihre Erleichterung nicht verbergen: »Er war halbseitig gelähmt, hat aber hart trainiert und kann sich fast wieder wie früher bewegen. Als er krank war, hat er gesehen, daß es auch ohne ihn weitergeht. Er ist nach wie vor der Boß, aber seitdem bleibt er doch lieber auf dem Boot.«

Erst nun feierten sie alle ein freudiges Ereignis, das inzwischen bereits einige Wochen zurücklag: Kathy Kelly hatte während eines Aufenthalts in Berlin einen gesunden Sohn – Sean – zur Welt gebracht. Auf gewisse Weise stellten die beiden Ereignisse eine Art Wachablösung dar: Während Sean schon als kleiner Knirps am liebsten auf allem trommelte, was er in seiner Nähe zu fassen bekam, hatte sich sein Großvater Dan Kelly als Folge seiner Erkrankung von der Bühne zurückziehen müssen.

Gelegentlich können aber auch die Folgen seiner Krankheit Dan Kelly nicht davon abhalten, zu seinen Kindern auf die Bühne zu kommen. Der zweite Teil des Live-Videos »Tough Road« zum Beispiel, aufgenommen während eines ausverkauften Konzerts in der Dortmunder Westfalenhalle, zeigt das Familienoberhaupt als Höhepunkt der Show: »Nach Jahren«, freute sich die Jugendzeitschrift ›Pop/Rocky‹ damals, »betrat Papa Kelly das erste Mal wieder während eines Konzerts die Bühne und gratulierte seinen Sprößlingen zu ihrem Erfolg.«

Johnny beschrieb »Mapa« Dans neue Rolle folgendermaßen: »Eigentlich ist Kathy unser Musik-Boß und Paddy vertritt sie, wenn Kathy mal nicht da ist. Aber unser Job-Chef ist und bleibt unser Vater. Es geht ihm wieder recht gut. Er kann wieder laufen und sprechen.«

Angelo – der Jüngste

»Er hat nie gequengelt«, erinnerte sich Kathy im Dezember 1994 für ›Bravo‹ an Angelo als Baby. »Wenn wir auftraten, legte er sich mit seiner Flasche auf die Bühne und schlief einfach ein.«

Angelo Kelly kam am 23. Dezember 1981 im spanischen Pamplona als letztes Kind von Barbara Kelly zur Welt. Spätestens, seit er gemeinsam mit Bruder Paddy die Gesangsparts für den Top-Hit »An Angel« übernommen hatte, gilt er als einer der beliebtesten Kellys. Und er scheint sein Dasein als Nesthäkchen in vollen Zügen zu genießen: »Ich finde es toll, der Jüngste zu sein. Wenn ich

Angelo ist inzwischen auch ein versierter Bassist.

mal einen Streich spiele, helfen mir meine Geschwister, so daß die Strafen immer sehr milde ausfallen.«

Mit seinem beachtlichen Showtalent verblüffte er schon viele Fachleute – und bei Rockstars wie Bon Jovi oder Aerosmiths Steven Tyler dürften die Kellys eben auch deshalb einen bleibenden Eindruck hinterlassen haben, weil da unter anderem ein quirliger Knirps mit Riesenstimme über die Bühne wirbelte.

Angelo ist – wie alle seine Geschwister – musikalisch vielseitig begabt. »Auf der Bühne«, zählte er im ›Bravo‹-Interview einmal auf, »spiele ich Gitarre, Baß,

Keyboards, Percussions und Schlagzeug. Ich habe auch Flöte, Harmonika, Geige, Drehleier und Akkordeon gelernt, aber diese Instrumente spiele ich heute nicht mehr.« Sein Lieblingsinstrument ist das Schlagzeug. »Auf jeden Fall«, ließ er im September 1994 im Interview mit ›Bravo‹ keinen Zweifel an seiner Vorliebe für Becken und Trommeln. »Vor zweieinhalb Jahren habe ich das zum ersten Mal ausprobiert. Als wir im Frühjahr für die neue Platte im Studio waren, bin ich wieder auf den Geschmack gekommen und spiele jetzt auch live. Bei einem Auftritt in Wien habe ich zusammen mit unserem Produzenten Hartmut gedrummt – das war irre. Er war übrigens früher der Schlagzeuger von Rainhard Fend-rich.« Damit eifert Angelo seinem älteren Bruder Johnny nach, der sonst für den richtigen Rhythmus sorgt. »Mein Bruder Johnny hat mir die Grundlagen gezeigt, aber das meiste bringe ich mir selber bei und gucke von anderen Drummern ab. Meine Vorbilder sind Tico Torres von Bon Jovi, Joey von Aerosmith und Lars Ullrich von Metallica. Tico hat ein Drum-Video gemacht, das habe ich intensiv studiert. Außerdem hatten wir Unterricht bei dem Percussion-As Nippy Noya, er hat viel für unser Tempo- und Rhythmusgefühl getan. Zur Zeit lerne ich vor allem Schlag- zeugnoten zu lesen. Das ist wichtig für die Studioarbeit.«

Wenn ihm bei all der Studio- und Tourneearbeit noch Zeit dafür bleibt, versucht er sich mit Kickboxen, weil das sein Reaktionsvermögen und seine Körperbeherrschung trainiere – »aber ich bin überhaupt kein aggressiver Typ«. Auch Filme sieht er sich gerne an. »Actionfilme und lustige Sachen so wie ›Wayne's World‹. Ich finde Jean-Claude Van Damme klasse und habe fast alle seiner Filme gesehen. Meine Lieblingsfilme sind aber die drei ›Krieg der Sterne‹-Folgen, die ich alle schon mehrere

Male gesehen habe. Ich sammle auch die ganzen Figuren, zum Beispiel Luke Skywalker, Han Solo.«

Für viele der weiblichen Fans von Angelo stellt sich natürlich noch eine ganz andere Frage. ›Bravo‹ hakte in seiner Ausgabe vom 1. September 1994 nach: Ob er schon mal verliebt war? Angelo: »Ja klar! Als wir in Frankreich lebten, hatten wir ein kleines Haus inmitten von Feldern, und das Nachbarmädchen Tiffany war meine Freundin. Mit sechs hatte ich meine zweite Freundin, der habe ich Blumen geschenkt. Dann sind wir weggezogen. Ich habe sie zwar Jahre später wiedergesehen, aber da fand ich sie ziemlich aufgeblasen. Jetzt habe ich keine Freundin. Wir sind zuviel unterwegs, und momentan konzentriere ich mich lieber auf die Musik.«

Übrigens entlockte die ›Bravo‹-Reporterin dem jungen Star noch eine weitere interessante Antwort – Angelo braucht nämlich eine Brille. »Ja, das stimmt«, bestätigte er. »Ich bin kurzsichtig und sollte eigentlich immer eine Brille tragen. Aber ich vergesse sie oft, verliere sie oder mache sie kaputt. Und auf der Bühne tobe ich zu sehr herum, da würde sie runterfallen.«

Steckbrief
Name: Angelo
Geburtstag und -ort: 23.12.1981, Pamplona, Spanien
Haarfarbe: Blond
Augenfarbe: Blau
Instrumente: Schlagzeug, Baß, Gitarre
Hobbys: Kino, Kickboxen, Schauspielern

Paddy – der Publikumsliebling

Der Publikumsliebling ist für viele weibliche Teenager der Traumboy schlechthin – Paddy selbst ist in der Liebe ein unverbesserlicher Romantiker. Für eine ehemalige Freundin schrieb er vor Jahren sogar eigens einen Love-Song: »Brenda, My Love«. ›Bravo‹ vertraute er im Mai 1994 einen Teil seiner »Karriere« als boyfriend an: »Als wir in Frankreich lebten, hatte ich einige Freundinnen. Wir haben alles mögliche gemeinsam unternommen, gespielt, geschwommen, gerauft, auch geschlafen, aber ganz platonisch natürlich. Damals war ich erst zehn oder elf Jahre alt. Meine erste Freundin hieß Claire. Die zweite Fleur. Sie war schon als Kind ein Model, und ihre Plakate hingen in Paris in allen Metro-Stationen. Sie kam oft mit, wenn wir auf der Straße gesungen haben, und die Leute haben alle nur sie angestarrt.« Einige Jahre später wurde Paddy angestarrt und angehimmelt – und in seiner Phantasie ging er die Mädchen in der ersten Reihe durch auf der Suche nach potentiellen Freundinnen. »Heute mache ich das nicht mehr, weil ich weiß, daß gutes Aussehen nicht wichtig ist. Ich mag natürliche Mädchen mit einem offenen Gesicht.«

Geboren wurde Paddy als Patrick Kelly am 5. Dezember 1977 in Dublin, der Hauptstadt der Republik Irland. Ob er frech gewesen sei als Kind, wollte die ›Bravo‹-Reporterin einmal wissen. Paddy: »Ich kann mich nicht erinnern, daß meine Mutter oft mit mir geschimpft hätte. Einmal war ich gemein zu Patricia und habe mich dann anschließend im Schrank versteckt, damit meine Mutter mich nicht findet.«

Paddy spielt Percussion, Keyboards, Gitarre, Flöte und Drehleier. »Mit acht«, erzählte er stolz, »habe ich von

Schon als kleiner Junge war Publikumsliebling Paddy – hier noch mit kurzen Haaren – immer zu Späßen aufgelegt.

Carlos, einem bekannten spanischen Gitarristen, Unterricht in klassischer Gitarre bekommen. Ich hatte auch Ballett- und natürlich Gesangsunterricht.«

Sein Faible für Filme führt ihn immer wieder ins Kino – und er versucht sich zwischendurch auch selbst als Amateurschauspieler: »Ab und zu drehe ich mit meinen jüngeren Geschwistern Angelo, Maite und Barbie auch selbst Filme, zehnminütige, witzige Phantasiegeschichten nach dem Vorbild der ›Kleinen Strolche‹. Wir arbeiten zusammen ein Drehbuch aus, und Jimmy führt

Regie. Leider werden sie nie richtig fertig, weil uns die Zeit fehlt, aber es macht trotzdem Spaß.«

<u>Steckbrief</u>
Name: Paddy (Patrick)
Geburtstag und -ort: 5.12.1977, Dublin, Irland
Haarfarbe: Dunkelblond
Augenfarbe: Dunkelblau
Instrumente: Gitarre, Flöte, Percussion, Keyboards, Drehleier
Hobbys: Kino, Schlafen

Patricia – das Sprachengenie

Patricia ist unter den ohnehin sehr sprachbegabten Kelly Kids wohl das talentierteste: Spanisch, Italienisch, Englisch, Deutsch, Französisch und Holländisch spricht sie fließend. Geboren am 25. November 1969 im spanischen Camonal, kam sie vor allem durch ihre Hartnäckigkeit zur Musik. Weil ihre älteren Geschwister mit den Eltern zu Straßenkonzerten gingen und sie keine Lust hatte, allein zu Hause bleiben zu müssen, schnappte sie sich schon als ganz kleines Mädchen eine Gitarre und übte wie besessen, bis sie an den Auftritten der Familie teilnehmen durfte.

Heute ist sie an Harfe und Percussion, an Akkordeon, Klavier, Gitarre und natürlich mit ihrer eindringlichen Stimme ein wichtiger Bestandteil der Kelly-Shows. Doch sie könnte sich auch einen anderen, weniger im Rampenlicht stehenden Beruf für sich vorstellen: »Wenn ich nicht Musik machen würde«, sagte sie einmal, »wäre ich Ärztin geworden. Ich bin nämlich eine richtige Kräu-

Angelo, das jüngste Kelly-Kid, ist längst ein erfahrener Show-Profi.

Steckbrief

Name: Angelo

Geburtstag und -ort: 23.12.1981, Pamplona, Spanien

Haarfarbe: Blond

Augenfarbe: Blau

Instrumente: Schlagzeug, Baß, Gitarre

Hobbies: Kino, Kickboxen, Schauspielern

Paddy ist der unumstrittene Publikumsliebling.

Steckbrief

Name: Paddy (Patrick)
Geburtstag und -ort: 5.12.1977, Dublin, Irland
Haarfarbe: Dunkelblond
Augenfarbe: Dunkelblau
Instrumente: Gitarre, Flöte, Percussion, Keyboards, Drehleier
Hobbies: Kino, Schlafen

Live haut Patricia mächtig auf die Pauke.

Steckbrief

Name: Patricia

Geburtstag und -ort: 25.11.69, Camonal bei Toledo, Spanien

Haarfarbe: Blond

Augenfarbe: Blau

Instrumente: Gitarre, Gesang, die große Trommel, Harfe, Klavier, Akkordeon

Hobbies: Radfahren, schwimmen, Flohmärkte, Lesen, Psychologie, Medizin, Esoterik

Maites Lied »Baby Smile« ist immer ein Highllight der Kelly-Konzerte.

Steckbrief

***Name: Maite** (baskisch, bedeutet »gewünschtes Kind«), Zweitname »Star«*

Geburtstag und -ort: 4.12.1979 in Berlin

Haarfarbe: Blond

Augenfarbe: Blau

Instrumente: Gitarre

Hobbies: Schwimmen, Reiten, Kochen, Backen, Lesen (Agatha Christie)

Patricia, hier noch etwas jünger, bezaubert die Zuhörer mit ihrem gefühlvollen Gesang.

terhexe. Mit meinen selbstgebrauten Tees und Bio-Mixturen halte ich uns alle gesund.«

Einen festen Freund hatte die hübsche Patricia seit Jahren nicht mehr. »Vor einigen Jahren gab es einen Jungen, in den ich total verliebt war«, vertraute sie ›Bravo‹ an. »Leider endete es unglücklich. Seitdem habe ich mich nicht mehr verliebt ...« Kein Wunder, schließlich läßt ihr der turbulente Alltag der Familie und vor allem das ständige Leben auf Achse nicht viel Zeit dafür, Freundschaften zu schließen. »Wenn man immer auf Tour ist«, erzählte sie der Zeitschrift ›Praline‹, »lernt man zwar eine Menge Menschen kennen, doch viele verliert man schnell wieder aus den Augen. Wirklich tiefe Freundschaften sind bei einem Leben, wie wir es führen, schwer zu gewinnen, aber mir sind einige wenige gute Freundschaften wichtiger als viele oberflächliche.«

Steckbrief
Name: Patricia
Geburtstag und -ort: 25.11.69, Camonal bei Toledo, Spanien
Haarfarbe: Blond
Augenfarbe: Blau
Instrumente: Gitarre, Gesang, die große Trommel, Harfe, Klavier, Akkordeon
Hobbys: Radfahren, Schwimmen, Flohmärkte, Lesen, Psychologie, Medizin, Esoterik

Maite – das mollige Energiebündel

Die mollige Maite wurde am 4. Dezember 1979 in Berlin geboren – in derselben Stadt also wie später Kathys Sohn Sean. »Wir waren damals schon zehn Geschwister«, erinnerte sie sich im ›Bravo‹-Interview, »und viele Leute fragten meine Mutter: ›Wollen Sie denn noch mehr Kinder?‹ Die konnten gar nicht verstehen, daß meine Mutter immer sagte: ›Ja klar!‹ Deshalb nannte sie mich Maite. Das ist ein baskischer Name, der soviel bedeutet wie ›gewünschtes Kind‹. Mein Zweitname ist ›Star‹. Für meine Mutter war ich immer ein kleiner Stern, und außerdem bin ich in der Zeit geboren, als wir alle bereits ziemlich berühmt waren.«

Heute ist das fröhliche Energiebündel im Familienalltag der Kellys dafür zuständig, daß immer etwas Leckeres auf dem Eßtisch steht. Das Kochen beherrscht sie so gut, daß ihre Geschwister immer schwärmen, wenn von Maites Spezialitäten die Rede ist. Daß es ihr selbst ebenfalls schmeckt, sieht man ihr an. »Ich esse für meine Leben gern«, gab sie ›Bravo‹ gegenüber zu. »Aber ich habe überhaupt kein Problem damit, daß ich dick bin. Ich liebe jedes Pfund an mir!«

Und die Fans wohl auch, denn wie kein anderes der Kelly Kids bringt Maite das ganze Konzert hindurch volle Power, und wenn sie nicht gerade als Leadsängerin im Mittelpunkt steht, bereichert sie den Sound der Songs unter anderem an Gitarre oder Percussion.

Patricia, Barby und Maite als Rhythmusgruppe.

Außerdem ist Maite eine ausgesprochene Wasserratte. »Ich kann Stunden im Wasser verbringen«, schwärmte sie ›Bravo‹-Reporterin Corinne Ullrich vor. »Früher habe ich mir immer gewünscht, ich wäre eine Meerjungfrau.«

Steckbrief
Name: Maite (baskisch, bedeutet »gewünschtes Kind«), Zweitname »Star«
Geburtstag und -ort: 4.12.1979 in Berlin
Haarfarbe: Blond
Augenfarbe: Blau
Instrumente: Gitarre
Hobbys: Schwimmen, Reiten, Kochen, Backen, Lesen (Agatha Christie)

Joey – der Technik-Freak

Er spielt Gitarre, Percussion, Baß und Trompete, singt mit rauher Stimme und gilt unter den Fans als der »Rocker« der Kelly-Geschwister. Geboren wurde Joey am 20. Dezember 1972 in Camonal in Spanien – und eigentlich heißt er Joseph Maria Kelly.

Er war schon von klein auf ein ausgesprochener Technik-Freak – auch an seinem Mofa schraubte er als Teenager eifrig herum. ›Bravo‹ gestand er im Januar 1995: »Damit es mehr Speed hat, habe ich es frisiert. Damit bin ich ohne Führerschein heimlich rumgedüst – ohne Auspuff.«

Wie alle seine Brüder ist auch Joey noch nicht fest vergeben. »Ich hatte einige Affären, aber es war nichts Ernstes«, beichtete er dem Jugendmagazin. »Mit 15 war ich zum ersten Mal richtig verliebt. Ich sah das Mädchen

Joey an der Gitarre.

beim Angeln. Wegen ihr zog ich morgens los, hing den ganzen Tag am See herum und wartete auf sie. Ich brachte aber nie den Mut auf, sie anzusprechen. Es war eine unerfüllte Liebe, von der ich heute noch träume ...«

Steckbrief
Name: Joey (Joseph Maria)
Geburtstag und -ort: 20.12.1972 in Camonal, Spanien
Haarfarbe: Blond
Augenfarbe: Blau
Instrumente: E-Gitarre, Tin Whistle (Zinnflöte), Drehleier, Akkordeon, Congas, Baß, Trompete
Hobbys: Schlafen, Technik, Heavy Metal

John – der Schüchterne

John ist ein eher ruhiger, introvertierter Typ. Er steuert auf Tournee den Bus der Kellys, spielt Gitarre, Akkordeon und Schlagzeug. Geboren wurde der zweitälteste der musizierenden Kelly-Geschwister am 8. März 1967 im spanischen Talavera.

Als Teenager besuchte er eine Zeitlang die renommierte Ballettschule von John Cranko in Stuttgart, und

Auf der Bühne trägt Johnny am liebsten einen Hut.

auch für Fotos und Filme hat John eine ausgesprochene Schwäche. »Meine erste Kamera«, erzählte er ›Bravo‹ im Dezember 1994, »bekam ich mit 13 Jahren. Am liebsten habe ich Sonnenuntergänge fotografiert. Ich bin ein sehr romantischer Typ.«

Inzwischen hat John natürlich auch ganz andere Motive eingefangen: Zwischen den Konzerten ist er gerne mit der Videokamera in der Hand unterwegs, und unter anderem fungierte er für das Kelly-Video »Street Life« als Co-Regisseur und Co-Produzent.

Was ihm sonst noch am Herzen liegen würde, läßt leider noch etwas auf sich warten: eine feste Freundin. »Mir fällt es schwer, auf Mädchen zuzugehen«, wurde er von ›Bravo‹ zitiert. »Ich lasse mir immer sehr viel Zeit. Mit 15 war ich zum ersten Mal verliebt: In Patricias beste Freundin Maria. Wir waren ungefähr ein Jahr zusammen, dann zog meine Familie nach Frankreich. Wir schrieben uns noch monatelang Briefe, dann herrschte Funkstille.«

Steckbrief
Name: John
Geburtstag und -ort: 8.3.1967 in Talavera, Spanien
Haarfarbe: Blond
Augenfarbe: Blau
Instrumente: Hat sich seine erste Trommel selbstgebastelt, Schlagzeug, Gitarre, Gesang
Hobbys: Musik, Fotografieren, Filme

Barby – die vielseitige Künstlerin

Eine Ader für alles Künstlerische hat Barby, die eigentlich Barbara Ann heißt, wie ihre verstorbene Mutter. Besonders in einem eifert sie ihrer Mutter seit jeher nach: Auf den Kelly-Konzerten glänzt sie regelmäßig als überaus begabte und ausdrucksstarke Ballettratte.
»Mutter war mein großes Vorbild«, verriet sie ›Bravo‹ einmal. »Ich war immer ganz begeistert, wie toll sie Ballett tanzen konnte. Sich durch Bewegungen auszudrücken, das hat mich immer fasziniert. Mit sieben Jahren auf einem Fest im Baskenland habe ich zum ersten Mal vor Publikum getanzt. Die Musik riß mich so sehr mit, daß ich mit geschlossenen Augen zu tanzen begann. Als ich die Augen wieder öffnete, standen die Leute um mich herum und klatschten Beifall.« Heute zählen ihre Tanzeinlagen zu den Highlights fast jeden Kelly-Konzerts.

Geboren wurde Barby am 28. April 1975 im spanischen Belascoain. In der Band spielt sie unter anderem Gitarre, Klavier und Percussion, und hinter den Kulissen sorgt sie als talentierte »Kostümdesignerin« für die Bühnenklamotten ihrer Geschwister.

Um sich vom Tourneestreß abzulenken, malt Barby gerne Aquarelle, und auch ihr Kelly Family-Tagebuch ähnelt mehr einem professionellen Tour Book als einem Poesie-Album: »In Alben halte ich Anekdoten und Ereignisse fest und gestalte die Seiten aufwendig mit Bildern, getrockneten Blumen und Postkarten.«

Wenn all das zur Zeit etwas kürzer treten muß als in den vergangenen Jahren, dann hat das einen für Barby sehr erfreulichen Grund: »Ich bin zur Zeit über beide Ohren verliebt!« freute sie sich im Januar 1995 gegenüber

Wenn Barby singt, geht's nicht ohne gefühlvolle Gesten ab.

›Bravo‹. »Ein herrliches Gefühl. Ich kenn' ihn schon seit einem Jahr. Er ist älter als ich, groß, stark und hat wunderschöne braune Augen. Aber ich mag nicht nur sein Aussehen, sondern auch seine warme, freundliche Art. Vielleicht schreibe ich ein Liebeslied für ihn. Wer es ist, bleibt aber mein Geheimnis, denn die Liebe ist wie eine zarte Pflanze, die vorsichtig und langsam wächst ...«

Steckbrief
Name: Barby (Barbara Ann)
Geburtstag und -ort: 28.4.1975 in Camonal, Spanien
Haarfarbe: Blond
Augenfarbe: Blau
Instrumente: Akkordeon, Klavier, Gitarre, Congas
Hobbys: Malen, Schreiben, Kostüme schneidern, Kunst, Tanzen

Jimmy – der geborene Showmaster

Auf der Bühne ist Jimmy immer für eine Nonsens-Einlage gut – privat ist mit ihm allerdings, wie er selbst schon zugab, nicht immer gut Kirschen essen: »Ich kann manchmal ein richtiger Dickkopf sein. Ich bin im Vergleich zu meinen Geschwistern echt aus der Art geschlagen.«

Na ja, so schlimm wird's schon nicht sein. Jedenfalls ist Jimmy, der am 18. Februar 1971 in Camonal in Spanien als James Victor Kelly zur Welt kam, unter seinen Geschwistern als Showmaster anerkannt und beliebt. Wenn er mit Akkordeon, Baß, Gitarre oder Percussion für Stimmung sorgt oder als Leadsänger über die Bühne fegt, wird er zu Recht von den Fans gefeiert.

Jimmy beherrscht unter anderem Baß, Gitarre, Akkordeon und Klavier.

Wie seine Brüder John, Paddy und Angelo ist auch Jimmy ein eingefleischter Kino-Freak – mit breitgefächertem Spektrum, wie er in der ›Bravo‹ vom 5. Januar 1995 verriet: »Bei ›Doktor Schiwago‹ habe ich im Kino geweint – das ist immer noch einer meiner Lieblingsfilme. Zuletzt gefiel mir ›Pulp Fiction‹ sehr gut.«

Dort stand auch etwas über seine erste Liebe zu lesen: »Sie war ein unkompliziertes Bauernmädchen und das erste Mädchen, das ich geküßt habe. Wir waren über ein Jahr zusammen. Dann verließen wir Deutschland und zogen nach Amsterdam. Als wir drei Jahre später zurückkamen, hatte sie einen anderen.«

Steckbrief
Name: Jimmy (James Victor)
Geburtstag und -ort: 18.2.1971, Camonal, Spanien
Haarfarbe: Blond
Augenfarbe: Blau
Instrumente: Gitarre, Baß, Akkordeon, Klavier
Hobbys: Schlafen, Filmen, Geschichten erzählen, Kino, Bogenschießen

Kathy – die musikalische Leiterin

In gewisser Hinsicht hat Kathy als die älteste der musizierenden Kelly-Geschwister die Rolle der Mutter übernommen. Unter anderem sorgt sie als die vernünftige Ältere dafür, daß die Ausgelassenheit der Jüngeren die Großfamilie nicht zur unkontrollierbaren Rasselbande werden läßt. Auf der Bühne und im Plattenstudio gilt sie als die musikalische Leiterin der Kelly Family – und die Band ist damit nicht schlecht gefahren. Immer wieder beweist Kathy – als Co-Produzentin, Komponistin oder Sängerin, an Geige, Percussion, Keyboards oder Drehleier – ein feines Gespür für die stilistische Mischung der Kellys zwischen irischem Folk, spanischer Folklore, Pop und Rock.

Geboren wurde Kathleen Anne als einziges der neun gemeinsam tourenden Kelly Kids in den Vereinigten Staaten, in Leominster im US-Bundesstaat Massachussetts – nur sie machte alle Stationen der Kelly-Odyssee mit. Am lebhaftesten dürfte ihr aber die Zeit in Erinnerung geblie-

Kathy, die musikalische Leiterin der Band, fesselt das Publikum mit ihrer kräftigen Stimme.

ben sein, in der sich die Familie Ende der 80er Jahre in Paris aufgehalten hatte. Dort nämlich lernte sie ihren heutigen Ehemann Vincent kennen, einen Franzosen. »Wir hatten die unterschiedlichsten Freunde in Paris, dazu zählten Adelige, Obdachlose und Intellektuelle«, erzählte sie ›Bravo‹ einmal. »Mein Vater liebte es, mit den Studenten in unserem Bus zu sitzen und zu diskutieren. Vincent war einer von ihnen, er studierte damals Philosophie und Wirtschaft. Er ist ganz anders als ich, ein eher ruhiger Typ. Das brauche ich als Ausgleich, denn ich selbst stehe immer unter Strom.«

Heute hat Kathy gemeinsam mit Vincent bereits den Grundstein für einen Erfolg der Kelly Family in der dritten Generation gelegt: Sohn Sean kam am 14. Dezember 1992 in Berlin zur Welt. Kathy: »Er kam durch Kaiserschnitt auf die Welt, da die Nabelschnur um den Hals ging. Ich würde gerne vier oder fünf Kinder haben, aber ich habe mit dem Kinderkriegen spät angefangen.«

Die drei wohnen in einem eigenen Boot, das neben dem Kelly-Hausboot vor Anker liegt. Die drei reisen auf Tournee in einem eigenen Wohnmobil hinter dem Doppeldecker-Bus der anderen Geschwister her. Doch nach wie vor gehört Kathy fest zur Familie – und auch ihr Ehemann Vincent ist längst »adoptiert«, und das auch dem Erscheinungsbild nach. Kathy zu ›Bravo‹: »Er hatte früher kurze Haare. Aber je länger wir zusammen waren, desto länger wurden auch seine Haare.«

Steckbrief
Name: Kathy (Kathleen Anne)
Geburtstag und -ort: 6.3.1963 in Leominster/Massachussetts, USA
Haarfarbe: Dunkelbraun
Augenfarbe: Blau
Instrumente: Geige, Gitarre, Akkordeon, Banjo, Klavier
Hobbys: Reiten, Essen

Die Kelly Family in concert

Schon immer machten ihre Live-Auftritte den größten Reiz der Kelly Family aus. Live lernten sie über Jahre hinweg, eine gemeinsame musikalische Sprache zu finden. Live erreichten sie ihr erstes Publikum. Und live begeisterten sie gerade in Deutschland in der Vergangenheit eine schnell wachsende Fangemeinde – so sehr, daß sie nach harten Jahren »auf der Straße« von 1994 an die Früchte ihrer Arbeit ernten durften.

Wie ein moderner Zirkus fielen die Kellys inzwischen in den deutschen Metropolen ebenso ein wie in der Provinz. Und in der Tat machte der Aufzug der Musikerfamilie einiges her: Wenn zu Konzerten auf den Marktplätzen oder in den Hallen deutscher Städte der Doppeldecker-Bus und ein riesiger Truck anrollten, wenn sich der Lastwagen nach Aufklappen einer Seitenwand als vollständig ausgerüstete Live-Bühne entpuppte und wenig später eine neunköpfige Band aus vielseitig talentierten Geschwistern von dort aus die Passanten in Stimmung brachte – das fiel schon ein wenig aus dem Rahmen, den Pop- und Rock-Fans gewöhnlich von Konzerten hörenswerter Gruppen erwarteten.

Die Shows ihrer 1994er Family-Tour konnten sich sehen lassen. In den Minuten vor dem Konzert setzten sich die Kellys noch einmal in ihrem Tourmobil zusammen, um sich auf die bevorstehenden zwei Stunden einzuschwören. Dann ein kurzes »Viel Glück!« – und ab ging's auf die Bühne. Ein Opener wie die tolle Ballade »Imagine« brach meist gleich alle Dämme, und von da an taumelte das Publikum praktisch jeden Kelly-Konzerts bis zur letzten der zahlreichen Zugaben in einem wahren Begeisterungstaumel.

»Spontankonzerte« auf dem Marktplatz

So spontan, wie es die Fans gerne glauben möchten, sind leider die wenigsten der Kelly-Konzerte. Eine Umfrage unter verschiedenen Städten, in denen die Kelly Family unter freiem Himmel aufgetreten ist, zeigte: In der Regel muß drei bis vier Wochen vor dem geplanten Konzerttermin eine entsprechende Genehmigung eingeholt werden.

Dann wird in den Verwaltungen unter anderem darauf gedrängt, daß der bundesweit einheitlich geregelte, maximal zulässige Lärmpegel eingehalten wird. Unter der Rubrik »seltenes Störereignis« legt dazu das Bundesemissionsschutzgesetz folgende Grenzwer-te fest: Tagsüber einen Höchstwert von 70 Dezibel (dB) mit kurzzeitigen Spitzenwerten von bis zu 90 dB, während der festgelegten Ruhezeiten 65 beziehungsweise 85 dB, nachts 55 beziehungsweise 65 dB.

In Trier zum Beispiel entscheidet das Bauverwaltungsamt darüber, ob ein Konzert genehmigungspflichtig ist oder nicht. Keine Genehmigung ist nötig für Straßenmusik zwischen 11 und 13 sowie zwischen 16 und 18.30 Uhr – allerdings darf keine Verstärkeranlage eingesetzt werden, und die Gruppe darf nicht mehr als drei Quadratmeter Fläche belegen, der Standort muß alle 30 Minuten um mindestens 100 Meter verlegt werden, eine Rückkehr zum vorherigen Standort ist nach frühestens zwei Stunden erlaubt.

In Lüneburg ist jede Form von Straßenmusik genehmigungspflichtig: Ein einzelner Musiker erhält gegen fünf Mark Gebühr eine Genehmigung für eineinhalb Stunden, den Kellys kostet der Spaß zwischen 100 und 200 Mark pro Konzert.

In Wismar schließlich muß der Veranstalter im Kulturamt vorsprechen, das wiederum das Ordnungsamt, das Amt für Verkehrsanlagen, das Umweltamt, die Polizei und die Feuerwehr benachrichtigt. Das Kulturamt stellt daraufhin Sperranträge für Verkehrsflächen. Das Ordnungsamt will Angaben über Termin, Ort, Zeit, Thema und Ziel, erwartete Besucherzahl, Lautsprecher, etwaige Absperrungen und die Zahl der Ordner. Das Amt für Verkehrsanlagen prüft, welche Flächen genutzt werden können, ob abgesperrt und/oder umgeleitet werden muß, kontrolliert den Aufbau und schickt Personal, das den auflagengerechten Auf- und Abbau überprüft. Und das Umweltamt unternimmt stichprobenartig Geräuschmessungen während der Konzerte.

Die Stimmung wurde allerdings nicht von spektakulären Show-Einlagen geprägt, wie sie etwa Michael Jackson oder Genesis gerne in ihre Auftritte einbauen. Die Kelly Family setzte statt dessen eher auf die eigene Ausstrahlung, auf die ungeheure Musikalität der Geschwister, auf die Eingängigkeit der Songs – und so wirkten die Konzerte auch ohne allzu großen technischen Aufwand eindringlicher als viele jener Spektakel, die in den vergangenen Jahren mit hydraulischen Bühnen, mit aufwendigen Lasershows oder mit via Raketengürtel fliegenden Sängern für offene Münder im Publikum sorgten. Paddy, Angelo, Kathy, Maite, Barby, Jimmy, Joey, John und Patricia reichten dagegen die fast zirkusartige Atmosphäre im Zelt, und unter der mit goldenen Sternen verzierten Zeltkuppel kamen die brennenden Feuerzeuge und sprühenden Wunderkerzen prächtig zur Geltung, die die Fans jedesmal sofort schwenkten, sobald eine der vielen Kelly-Balladen ertönte. »Als Zuschauer«, schrieb ein Kritiker im Stadtmagazin ›Marabo‹, der den Kellys wohl eher trotz als wegen ihres musikalischen Stils Respekt zollte, »hat man immer den Eindruck, den Geschwistern macht das Spaß, was sie so auf der Bühne treiben. Natürlich ist die Inszenierung absolut ausgetüftelt, aber trotzdem erstarrt die Show für den Außenstehenden nie wirklich zur Routine.«

In Essen füllten sie am 6. März 1994 gleich zweimal am selben Tag die 7000 Zuschauer fassende Grugahalle. Die Show der Family war spritzig und engagiert wie gewohnt – nur Patricia hatte ihren Einsatz beim ersten Auftritt an diesem Tag ein wenig übertrieben: Mit Atem-beschwerden mußte sie ins Krankenhaus eingeliefert werden. Zwar durfte sie das Hospital wenig später wieder verlassen, aber das zweite Konzert wurde für sie gestrichen – während sich Patricia im Tourneebus von den

Strapazen ausruhte, begeisterten ihre Geschwister die Fans auch zu acht. Vor allem für die 15jährige Jacqueline Kögler erfüllte sich in der Essener Riesenhalle ein Traum: Die Redaktion der ›Westdeutschen Allgemeinen Zeitung‹ hatte dem blinden Mädchen die Möglichkeit verschafft, seinem Idol Kathy Kelly persönlich zum Geburtstag zu gratulieren.

In Schwerin waren die Kellys in passendem Rahmen zu sehen. Hier traten die ausgewiesenen Hausboot-Freunde Ende Juli am Südufer des Pfaffenteichs auf, während ganz in der Nähe der Kreuzer »Petermännchen« anläßlich seines 125jährigen »Geburtstags« eifrig eine Runde nach der anderen drehte.

Panik im Konzertzelt

Längst nicht so beschaulich ging es dagegen in Bochum zu. Nachdem sie im November 1994 am ersten Tag ihres Gastspiels auf dem dortigen Kirmesplatz mit zwei Konzerten die Fans in ihrem Live-Zelt in Stimmung gebracht hatten, wurden die Kellys am zweiten Tag geradezu überrollt vom plötzlichen Andrang auf ihre nächsten Auftritte. ›Bravo‹ berichtete am 24. November: »Am nächsten Tag stehen schon um 6 Uhr die ersten vor dem Zelteingang. Um 8 Uhr sind es bereits 200, um 14 Uhr drängen 6000 (!) Menschen auf den Kirmesplatz.« Als schließlich der Einlaß ins Vorzelt geöffnet wurde, waren die Fans nicht mehr zu halten: Sie stürmten das Zelt und konnten auch von den sechs total überrumpelten Ordnern nicht aufgehalten werden.

Das 2000 Zuschauer fassende Zelt war im Handumdrehen überfüllt, und noch immer schoben und drückten weitere Fans von außen ins Innere. Erst nach einiger Zeit konnten die meisten der 4000 »Übriggebliebenen« wieder aus dem Zelt bugsiert werden und die Kellys konnten mit etwas Verspätung mit ihrem Konzert beginnen. Auch danach hatten die Ordner noch alle Hände voll zu tun. Die Bilanz des Konzerts: Mehr als 80 Mädchen wurden halb bewußtlos aus der Menge gezogen und backstage behandelt. »Und das«, so kommentierte wenig später die Tageszeitung ›Neue Westfälische‹ in Bielefeld kopfschüttelnd, »bei einer Familienkapelle, die weder wild die Hüften schwingt, noch irgendwelcher Obszönität in Worten und Taten huldigt, dafür aber die heilige Jungfrau Maria lobpreist.«

Als schließlich ein Polizist auf der Bühne auftauchte und die Kellys dazu brachte, das Konzert aus Sicherheitsgründen abzubrechen, gingen selbst die Beschwichtigungen Kathys im allgemeinen Durcheinander unter – und wenig später verließen die Kellys fluchtartig den Platz. Das zweite Konzert des Tages mußte ebenfalls abgesagt werden. Kathy versuchte die Gemüter über Mikrofon zu beruhigen: »Wir freuen uns sehr, daß ihr alle gekommen seid, aber ihr seid zu viele! Morgen werden wir ein kostenloses Open-air-Konzert geben. Und jetzt singen wir zusammen ein paar Lieder.« Hinterher gab sie sich im Gespräch mit ›Bravo‹ noch immer völlig überrumpelt: »Ein unglaubliches Erlebnis. Es tut uns sehr leid, daß wir nicht auftreten konnten. Wir haben mit einem solchen Ansturm nicht gerechnet.«

Die zunächst enttäuschten Fans wurden allerdings mehr als nur entschädigt. Erst sangen die Kelly Kids mit ihren Fans spontan ein paar ihrer Songs zum »Playback« vom CD-Spieler – und am nächsten Tag gab die Family ein Open-Air-Konzert, für das sie keinen Eintritt verlangten.

In Wolfsburg hatten die Kellys die Stimmung im Vorfeld ihrer Dezember-Konzerte allein dadurch schon aufgeheizt, daß ihr rotes, mit gelben Zeichen verziertes Konzertzelt bereits einige Tage vor dem ersten Auftritt im dortigen Allerpark gestanden hatte. Als es dann endlich soweit war, sorgten die Autos der Fans (oder eher: die Autos ihrer Eltern) für ein unglaubliches Verkehrschaos rund um die windige »Halle«. »Unzählige Menschen drängten ins Zelt«, staunte der Reporter der ›Wolfsburger Nachrichten‹, »warteten in langen Schlangen, treubrav und britisch, wenn sie nicht auf Anhieb Einlaß gefunden hatten.« Er notierte Besucher aus Salzgitter und Peine, aus Hannover, Salzwedel, Goslar und Wolfenbüttel – kurz: aus

Wenn Paddy (links) und Joey zu Hits wie »Why Why Why« losrocken, gibt's für die Fans kein Halten mehr.

einem Umkreis von rund 100 Kilometern. Und das, obwohl sich die Kelly Family im ganzen Jahr 1994 nicht gerade rar machte und im Rahmen ihrer Family-Tour fast überall spielte, wo eine Halle zu mieten oder ein Zelt aufzustellen war.

Manchmal – wie zum Beispiel in Hannover – konnten die Kellys den steilen Aufstieg vom folkloristischen Geheimtip zur Pop-Sensation sozusagen im Schnell-durchlauf noch einmal »nacherleben«. Als sie im Dezember in der niedersächsischen Landeshauptstadt die riesige Stadionsporthalle gleich für vier Konzerttermine buchten, dürfte der Veranstalter dem Spektakel noch eher skeptisch entgegengesehen haben. Und der erste Auftritt der Family schien die schlimmsten Befürchtungen zu bestätigen: Die Halle war gerade mal zur Hälfte gefüllt. Doch dann geschah das, was die Kellys seit jeher auszeichnete: Die allermeisten, die sie einmal auf der Bühne erlebt haben, kommen aus dem Schwärmen nicht mehr heraus – und so sorgte die eifrige Mundpropaganda unter den Fans und denen, die es werden wollten, anschließend dreimal hintereinander für volles Haus. Die Fans waren restlos begeistert, die Kritiker der örtlichen Tageszeitung offenbar ein bißchen weniger. »Die Lautstärke«, war nach den Konzerten in der ›Hannoverschen Allgemeinen Zeitung‹ zu lesen, »war gehörig, und wie schrill so ein Kindersopran sein kann, wurde dem Unwissenden ausführlich demonstriert.«

Ärger in Lütjenburg

Auch aus nicht musikalischen Gründen wurde gelegentlich Kritik laut, als die Familie 1994 in der Bundesrepublik unterwegs war. »Probleme mit der Terminabstimmung«, bemängelten zum Beispiel die ›Kieler Nachrichten‹ in ihrem Bericht über einen Auftritt in der Kleinstadt Lütjenburg im Spätsommer. Doch der Auslöser dieser Aufregung dürfte den meisten Kelly-Fans herzlich gleichgültig gewesen sein: Am selben Tag wie Paddy & Co. hatten sich nämlich die uniformierten Sänger des Schwarzmeerkosaken-Chors ebenfalls in Lütjenburg aufgestellt und sangen ihr Repertoire nun offenbar vor weniger Publikum als erhofft. »Mit der Stadt Lütjenburg«, schimpfte der Veranstalter, »war dieses Gastspiel bereits vor einem Jahr abgesprochen!«

Auch das Ehepaar Vogt hatte sich von der Stadtverwaltung und von der Kelly Family nicht richtig behandelt gefühlt. Anja Vogt und ihr Ehemann, die damals in der Lütjenburger City ein Bistro betrieben, hatten für den Tag des Kelly-Konzerts eine Ausschank-Genehmigung beantragt und dafür zunächst eine Ablehnung vom Ordnungsamt bekommen. Begründung: Eben über den Getränkeverkauf durch Subunternehmer wolle die Kelly Family ihr Konzert auf dem Lütjenburger Marktplatz, für das von den Fans kein Eintritt verlangt wurde, mitfinanzieren. Schließlich bewilligte die Stadt den Vogts doch noch den erwünschten Ausschank – »eine reine Goodwill-Aktion«, wie Bürgermeister Ralf Schmieden betonte. Doch damit hatte der Ärger noch kein Ende: In einem Brief an die Stadtverwaltung beklagte sich Anja Vogt nach dem Konzert, sie sei »unter unverhohlener Bedrohung« von Mitgliedern der Kelly Family und ihren Begleitern auf dem Weg zu ihrem Bierstand behindert worden.

Die Kelly Family jedenfalls begeisterten mit ihren Songs auf dem Marktplatz unter freiem Himmel Hunderte von Fans – und das gleich dreimal hintereinander am gleichen Tag. Damals, Ende Juli/Anfang August, erlebte die norddeutsche Provinz ohnehin eine wahre Kelly-Invasion: Nur wenige Tage vor der Stippvisite in Lütjen-burg hatten der fleißige Musikerclan auch in zwei anderen Orten im Landkreis Plön die Fans begeistert. Und auch wenig später, als sie auf dem Kieler Europaplatz auf die Open-Air-Bühne kletterten, hatten sie den Jubel auf ihrer Seite: Rund 4000 Kieler feierten ihre Lieblinge für eingängige Ohrwurm-Balladen und zupackende Rock-nummern.

Eine umstrittene Konzertabsage

Im Herbst '94 sorgte ein Auftritt für Aufregung, der gar nicht stattfand. Im hessischen Frankenthal hatten die Kellys in der Fußgängerzone ein umjubeltes Konzert gegeben – dabei hatten sie allerdings das von der Stadtverwaltung vorgegebene Geräuschlimit von 75 Dezibel überschritten. In der Musikszene gilt als allgemein anerkannter Rekordwert ein Konzert von The Who: Die Rockband brachte es auf der Bühne einmal auf einen Wert von 120 Dezibel. Wie auch immer: In Frankenthal beschwerten sich dennoch einige Anwohner, und das Frankenthaler Ordnungsamt belegte die Band mit einem Auftrittsverbot für das nächste Konzert. Hinterher war die Wut vor allem unter den enttäuschten Kelly-Fans groß. Einer von ihnen, ein gewisser Klaus Jäger, machte seinem Ärger kurz darauf in einem zornigen Leserbrief an die örtliche Ausgabe der Tageszeitung ›Die Rheinpfalz‹ kräftig Luft. »Enttäuschend fand ich auch«, schrieb er, »daß sich kein Vertreter der Stadt auf die Bühne traute, um den ›Frankenthaler Bürgern‹ die Sachverhalte vielleicht einleuchtender darzustellen.« Und auch eine bissige Bemerkung an die Anwohner, die sich beschwert hatten, konnte er sich nicht verkneifen: »Da ich davon ausgehe, daß für das ›Frankenthaler Strohhutfest‹ die gleichen Richtwerte gelten werden, sollte man sich überlegen, ob man es nicht um

Mit der Traumballade »An Angel« begeistern Angelo (links) und Paddy ihre Fans.

17 Uhr beenden muß. Es könnten sich ja Anwohner beschweren über zu laute Strohhutdarbietungen oder Besucher.« Davon allerdings wurde nichts bekannt.

Im Lauf der Tournee hatten die Kelly-Fans immer wieder auch Gelegenheit, nicht nur bei strahlendem Sonnenschein für ihre Idole Schlange zu stehen. In Bonn-Beuel zum Beispiel stellten sich Hunderte von Kelly-Maniacs vor dem Eingang des Konzertzelts auf – und sie ließen sich auch vom strömenden Regen und von ungemütlich kühlem Wind nicht die Vorfreude vermiesen.

Die Geduld der zahlreichen Fans wurde stets belohnt. Im Fall des beschriebenen Bonner Auftritts gab's für die Zuschauer unter der Zeltkuppel sogar noch eine extra heimelige Stimmung als »Dreingabe«: Bevor die Band die Klänge der Ballade »Roses Of Red« anstimmte, war es einige Momente lang fast völlig still im warmen Zelt – und die Fans konnten den Regen aufs Dach tröpfeln hören. Wie meinte Patricia im Interview mit der Jugendzeitschrift ›Bravo‹: »Ein Zirkuszelt hat so eine besondere Atmosphäre. Wir fühlen uns im Zelt wohler als in einer geschlossenen Konzerthalle.« Verständlich.

Triumph vor Hardrock-Fans

In der Schweiz brachten die Kellys im Sommer 1994 ihr bis heute größtes Kunststück fertig: Vor rund 20 000 eingeschworenen Hardrock-Fans standen sie am 9. Juli in Winterthur in der Nähe von Zürich auf der Bühne des riesigen »Out-In-The-Green«-Festivals, um die staunenden Rock-Freaks als Vorprogramm von Bands wie Aerosmith oder Whitesnake anzuheizen. »Vor diesem Gig«, gestand Paddy später ›Bravo‹, »waren wir tierisch nervös. Vor uns spielten die 4 Non Blondes, nach uns Whitesnake und unsere großen Idole Aerosmith.«

Doch was sich auf dem Programmzettel zunächst wie ein mäßig guter Scherz eines Konzertveranstalters las, entpuppte sich allen Erwartungen zum Trotz als voller Erfolg. Kaum waren Paddy, Angelo, Kathy, Maite, Barby, Jimmy, Joey, John und Patricia gegen 18.30 Uhr auf die Bühne geklettert, nahmen sie das Publikum auch schon im Sturm. Und nach dem ersten Song hatten sie die Zuschauer im Griff – donnernder Applaus nach jeder Nummer, und am Ende hatten die Kellys Tausende neuer Fans gewonnen.

Einer der bekanntesten: Steven Tyler, der Sänger der Hardrock-Band Aerosmith. Er ließ sich hinter der Bühne lachend Arm in Arm mit Paddy Kelly fotografieren und war voll des Lobes über seine jungen Kollegen. Er hatte sich die 60-Minuten-Show der Großfamilie von einer Nebenbühne aus angesehen und war hinterher total begeistert. »Einfach unglaublich!« schwärmte er. »Für mich einer der besten Rock-Acts, die ich seit langem gehört habe. Diesen neun gehört die Zukunft!«

Schließlich kam es im strikt abgesperrten Backstage-Bereich des Festivals an diesem Abend auch noch zu einer denkwürdigen JamSession – mit den Kellys und der 4-Non-Blondes-Sängerin Linda Perry. »Ein kleines Fest der Superlative«, berichtete die Zeitschrift ›Hit!‹ später. Und fuhr fort: »Kurz bevor Aerosmith gegen 22.45 Uhr die Bühne betraten, lud Steven Tyler die Kellys sogar ein, sich seine Show von der Bühne aus anzusehen. Ein echtes Privileg.« Und Patricia kam aus dem Schwärmen fast nicht mehr heraus: »Die Menschen auf diesem Festival waren supertoll! Sie klatschten, schrien und tanzten zu unserer Musik genauso ausgelassen wie bei Bands wie Aerosmith. Das hat uns wahnsinnigen Auftrieb gegeben und uns stark gemacht! Was für ein Gefühl, vor so vielen Leuten, von denen uns viele gar nicht kannten, zu singen. Sie haben uns großartig aufgenommen. Wow, das werden wir nicht vergessen.«

Allerdings hatten Patricia und die anderen wenig Zeit, in den Erinnerungen an diesen Abend zu schwelgen: Schon am nächsten Tag absolvierten sie in Konstanz am nahen Bodensee zwei Gratiskonzerte.

Beeindruckendes Fazit

»In diesem Jahr«, zog Joey im Oktober '94 schon vorab eine beeindruckende Bilanz, »werden uns etwa 1,8 Millionen Menschen auf der Bühne gesehen haben. Wahnsinn!« Die Konzerte ihrer '94er Tournee durch deutsche Hallen und Open-Air-Arenen waren ein Fest für Fans, und die Rundreise durch die Republik bescherte der Kelly Family den endgültigen Durchbruch auch in der breiten Öffentlichkeit. Damit hatte sich das große Engagement der neun Geschwister gelohnt – denn 1994 war wohl auch das bis dahin anstrengendste Jahr der Kellys. Paddy ließ ein »normales« Konzertjahr, wie es sich für 1994/95 abzeichnete, in einem Interview kurz Revue passieren: »Im Sommer sind wir fast überhaupt nicht zu Hause auf unserem Hausboot bei Köln, denn da reisen wir ständig im Doppeldecker-Bus von Ort zu Ort. Dezember ist auch ein heißer Monat. Aber dazwischen geben wir meist nur an drei oder vier Tagen pro Woche Konzerte. Aber wir lieben die Konzerte, Musik ist unser Leben. Wir spielen am Tag drei- bis viermal, und als wir neulich in Rostock auftraten, haben wir am Abend noch eine improvisierte Party für die Fans gegeben und eine Jam Session gemacht.«

Die Spielfreude ihrer Idole honorieren die Fans immer wieder mit unverhohlener Begeisterung und mit einer ungewöhnlich warmherzigen Verehrung der Family. Zwei schöne Beispiele waren am 4. Dezember 1994 in Köln-Deutz zu beobachten, wo die Kelly Family die 6000 Zuschauer fassende Sporthalle zweimal hintereinander ausverkaufen konnte. Schon gegen 9 Uhr bildeten sich am Samstag die ersten Schlangen vor den Toren – und das, obwohl die Halle erst abends um 19 Uhr geöffnet wurde …

»Die sind toll«, schwärmte der neunjährige Jens, als ihn eine Reporterin fragte, warum er für das Konzert mit seinen Eltern und der Schwester eigens aus Kiel angereist sei. »Die sind nicht so eingebildet wie andere Stars.« Immerhin: Ganz ohne branchenübliches Tamtam ging es inzwischen auch für die so natürlichen Kellys nicht mehr ab. »Die Familie wird inzwischen von Bodyguards beschützt«, ließ Pressebetreuer Hans Derer vor Ort ein bißchen hinter die Kulissen blicken. Die Kehrseite des Erfolgs.

»Und jetzt alle...!«: Paddy als Stimmungskanone auf der Bühne.

Auf der Bühne jedenfalls gibt es die Kellys für ihre Fans (beinahe) zum Anfassen. Für Hits wie »An Angel« wurden sie auch an den beiden Abenden in Deutz in ein Meer aus sprühenden Wunderkerzen getaucht, nach der Hymne »We Are The World« mußten sie auch diesmal gleich für eine ganze Reihe von Zugaben immer wieder auf die Bühne zurückkehren – und als Paddy am Samstagabend in einer Ansage verriet, daß seine Schwester Maite heute Geburtstag habe, stimmte das Publikum spontan ein Geburtstagsständchen an.

Bühnen-Comeback von Papa Dan

Konzerte der Kelly Family – das sind Happenings. Und nicht umsonst werden häufig Vergleiche mit der Atmosphäre beschworen, die vor Jahrzehnten das legendäre Hippie-Festival im amerikanischen Woodstock prägte. Auch professionelle Beobachter der Szene können sich dieser Faszination nicht entziehen. Der Kritiker der ›Münsterschen Zeitung‹ etwa war nach einem Auftritt der Kellys auf dem Münsteraner Hindenburgplatz – dort hatte die Family ihr Zelt aufgebaut – offenbar schwer beeindruckt vom musikalischen Talent der Geschwister. »Wo«, so die Frage, »hört man sonst schon einen Zwölfjährigen ins Mikro röhren wie einen alten Rock-Veteranen?«

In der Dortmunder Westfalenhalle ließen sie sich für dieses Können ebenfalls feiern – und bei dieser Gelegenheit schnitten sie genügend Filmmaterial mit, um hinterher die beiden Video-Kassetten »Tough Road« und »Tough Road, Volume Two« damit zu füllen. Sogar Papa Dan kam trotz seiner Krankheit vom Hausboot zu seinen Kindern auf die Bühne – das erste Mal seit mehreren Jahren, daß er während eines Konzerts der Kelly Family wieder ins Rampenlicht trat.

Vater Dan Kelly mit Paddy (links), Maite (rechts) – und einem rotzfrechen Angelo...

Sein Auftritt wurde zum Rührendsten, was Pop-Fans in den vergangenen Jahren wohl erlebt hatten. Zu den Klängen von »Take My Hand« führte Paddy Kelly seinen Vater im wallenden Gewand auf die Bühne. Dan Kelly ging – erst unsicher, dann allmählich etwas fester – mit seinem Sohn auf den Bühnensteg hinaus, der ins Publikum führte, und schaute sich um, als könnte er nicht glauben, vor welcher Kulisse seine Kinder an diesem Abend auftraten. Nach dem Song gab er, wenn auch wegen der noch immer hörbaren Folgen seiner Krankheit nicht leicht zu verstehen, bekannt, daß an diesem Abend bereits 20000 Mark für die Aids-Hilfe gesammelt werden konnten. Paddy, mit glitzernden Augen: »Das erste Mal seit drei Jahren ist mein Vater wieder auf der Bühne.« Kurze Pause, dann fügte er im tosenden Applaus hinzu: »Aber durch uns war er immer auf der Bühne.« Und schließlich sagte Dan Kelly mit Schluchzen in der Stimme: »Wir machen gar nichts allein! Wir gehören einander!« Weinende Fans, und auch Dans Kinder spielten die Zugabe »Amazing Grace« mit Tränen in den Augen.

Was für ein Finale! Kathy und Paddy, ihren Vater im Arm, teilten sich die Gesangsparts von »Amazing Grace« und vor ihnen wiegen sich 15000 gerührte Fans im Takt.

Die besondere Atmosphäre in der – natürlich ausverkauften – Riesenhalle blieb auch bei den Kelly Kids selbst nicht ohne Wirkung. »Bei unseren eigenen Konzerten bin ich nie nervös«, erzählte Angelo hinterher dem Jugendmagazin ›Bravo‹. »In Dortmund aber ging ich als erster ganz alleine auf die Bühne, setzte mich an das Schlagzeug und legte los. Dann ging das Licht an, und ich sah nur Unmengen von Menschen vor mir, die ganze Halle war voll. Meine Knie fingen total an zu zittern, aber ich mußte trommeln und einen harten Beat vorgeben. Puh, da habe ich geschwitzt!« Und auch Johnny war ganz außer Rand und Band: »Wahnsinn! Wir hatten Gänse-haut, als wir auf der Bühne standen. Ein unvergeßliches Erlebnis.«

Auch die anwesenden Musikkritiker zeigten sich begeistert. Günther Kern zum Beispiel, Chefredakteur des Pop-Magazins ›Hit!‹, hatte zuvor die vielgerühmte Londoner Show von Take That gesehen und schwärmte nun: »Wenn der Begeisterungsgrad dort bei 100 lag, erlebte ich hier 150 Prozent!«

Ausverkauft binnen Tagen

Als die Lawine erst einmal rollte, war es für die Kelly Family offenbar ein leichtes, riesige Hallen auch dann zu füllen, wenn sie ihre Konzerte dort erst vergleichsweise kurzfristig ankündigten. Während Top-Rocker wie Marius Müller-Westernhagen oder Phil Collins den Vorverkauf für ihre jeweiligen Hallen- oder Open-Air-Konzerte bereits rund ein Dreivierteljahr vor dem Tourneestart eröffneten, erfuhren die Fans von einem bevorstehenden Auftritt der Kellys im Frühjahr 1995 in der Frankfurter Festhalle erst

Barby und ihre Geschwister vor passender Kulisse – die Kellys haben ein Faible für Boote.

»Mich haut so schnell nichts um!«: Angelo.

etwa vier Wochen vorher. Dennoch: Die rund 14 000 Karten gingen weg wie warme Semmeln – und Paddy, Angelo, Kathy, Maite, Barby, Jimmy, Joey, John und Patri-cia spielten wie gewohnt vor vollem Haus.

»Wir hatten seit fünf Jahren nicht mehr in Frankfurt gespielt«, erzählte Patricia der Zeitschrift ›Hit!‹. »Dieses Konzert war auch das erste, das wir in der Frankfurter Festhalle gegeben haben. Früher haben wir nämlich an jedem langen Samstag auf der Zeil gespielt. Das ist eine große Einkaufsstraße in Frankfurt. Wir sind am Freitagabend in der Stadt angekommen und haben in unseren

Wohnwagen übernachtet. Am Samstag sind wir um 6 oder 7 Uhr aufgestanden, haben unser Müsli gegessen und sind dann zur Zeil losgezogen. Wir mußten uns schließlich den besten Platz sichern. Die Festhalle ist eine unglaublich schöne alte Halle.«

Mehr noch als in den meisten anderen Hallen mußten sich die Kellys dabei »wie zu Hause« fühlen: Die originell geschnittene, ovale Festhalle auf dem Messegelände der Main-Metropole erinnert mit ihrem kuppelartigen Dach ein wenig an das Konzertzelt der Family. Entsprechend toll war die Stimmung denn auch. Die Fans johlten schon vor dem ersten Ton vor Begeisterung, und als Paddy ins Scheinwerferlicht trat, um seine Geschwister anzukündigen, gab's für die meisten kein Halten mehr. Im tosenden Applaus der kreischenden Zuschauer ging sogar der erste Song fast unter. »Das Publikum«, erinnerte sich Patricia später, »war oftmals so laut, daß wir uns fast nicht singen hören konnten!«

Getragen von der Begeisterung der 14 000 absolvierten die Kellys eines ihrer besten Konzerte. Hits wie der Ohrwurm »An Angel« oder der flotte Rocker »Why Why Why«, Kelly-Klassiker, irische Traditionals oder hörenswerte Cover-Versionen bekannter Pop- und Rock-Hits – der Frankfurter Auftritt bot für jeden etwas. Und auch die Bühnen-Einlagen heizten die Atmosphäre wie gewohnt noch zusätzlich auf: die begabte Barby als grazile Folkpop-Ballerina, die mollige Maite als quirliger Power-Proppen – und im Mittelpunkt der Show immer wieder Kelly-Benjamin Angelo, Publikumsliebling Paddy und Rockfan Joey.

Kelly-Manie in Stuttgart

Im April 1995 sorgten die Kellys in der baden-württembergischen Landeshauptstadt Stuttgart für einen ihrer bisher größten Triumphe. Gleich zweimal am selben Tag füllten sie die Hanns-Martin-Schleyer-Halle – mit rund 13000 Zuschauer Fassungsvermögen ist das immerhin eine der größten Hallen Deutschlands.

Um 14.30 Uhr begann das erste, um 19.30 Uhr das zweite der beiden umjubelten Konzerte, doch die ersten Fans warteten schon seit Sonnenaufgang auf ihre Idole. Eine von ihnen: die 14jährige Simone aus Heidenheim. Dem Reporter der örtlichen ›Bild‹-Lokalausgabe erzählte sie: »Ich will für Joey einen Stoffhund auf die Bühne werfen, da muß ich möglichst weit vorne sein.« Die 17jährige Stefanie, ebenfalls seit 6 Uhr vor der Halle in Lauerstellung, war eigens aus dem Saarland angereist und hatte sich die Nacht in der Bahnhofsmission um die Ohren geschlagen. Maren, 15, hatte sich wenigstens Brötchen und eine Limo mitgebracht. Einig waren sich alle Frühaufsteher in einem Punkt: »Für die Kellys«, strahlten sie um die Wette, »lohnt sich das längste Warten.«

Enttäuscht wurden weder diese drei noch die anderen rund 26 000 Kelly-Fans in der Stuttgarter Schleyer-Halle. Die Family zog eine sehenswerte Show ab. Kein Hit fehlte, die Stimmung war durchgehend auf dem Siedepunkt und alle Kellys präsentierten sich in Bestform. Vor den Ständen, an denen in der Halle Poster und Platten, T-Shirts, Video-Kassetten und unterschiedlicher Schnickschnack verkauft wird, stehen die Jugendlichen Schlange. Und am Ende mußte auch der Kritiker der ›Bild‹-Zeitung nach den richtigen Worten suchen: »Ich bin kein Fan von Paddy, Angelo, Patricia, Maite, John, Barby, Kathy, Joey und Jimmy«,

Daß Joey eine Schwäche für Heavy Metal hat, merkt man seinen Auftritten an.

schrieb er am nächsten Tag. »Dafür bin ich mit meinen 39 Lenzen auch viiiiiel zu alt. Aber was sich gestern in der Schleyer-Halle abspielte: Der helle Wahnsinn ...«

Das örtliche Deutsche Rote Kreuz hatte sich, durch die Berichte von früheren Kelly-Konzerten entsprechend vorgewarnt, generalstabsmäßig für die Auftritte der Großfamilie in der Stuttgarter Schleyer-Halle präpariert. »Wir sind auf alles vorbereitet«, sagte DRK-Sprecher Hansjoachim Schmidtgen kurz vor der »Kelly-Invasion« in der Schwabenmetropole. »Während der beiden 100-Minuten-Shows sind 16 Sanitäter und zwei Ärzte vor Ort. Und die Schnell-Einsatzgruppe mit 20 Leuten ist in Bereitschaft.«

Die Rot-Kreuz-Helfer hatten dann in der Schleyer-Halle auch tatsächlich reichlich zu tun. 200 Fans konnten sich vor Begeisterung nicht mehr halten und sackten bewußtlos zusammen. Die meisten schafften es aber zumindest, vorher noch ihre Geschenke über die Abschran-kungen nach vorne zu werfen. Jedenfalls wateten die Kellys schon bald nach Beginn der Shows an manchen Stellen der Bühne knöcheltief in Plüschtieren. »Ich steh' wahnsinnig auf Paddy, der hat so ein niedliches Lächeln«, verriet die 13jährige Katrin aus Plochingen nach dem Kon-

Konzerte in Fußgängerzonen und auf Marktplätzen machten die Kelly Family berühmt.

zert. »Ich hab' ihm ein Päckle mit 'nem Kettchen drin und einen Liebesbrief auf die Bühne geworfen.«

Vorbereitung auf die Konzerte

Da die Kelly-Konzerte meist von der Non-Stop-Power leben, die Paddy, Angelo, Kathy, Maite, Barby, Jimmy, Joey, John und Patricia auf die Bühne zaubern, müssen sie sich natürlich topfit halten – zumal 400 Auftritte pro Jahr in ihrem Fall ja bekanntermaßen keine Seltenheit sind. Das Rezept, an das sich die überaus gesundheitsbewußten Familienmitglieder deshalb halten, klingt vielversprechend, wenn auch geschmacklich nicht allzu verlockend: »Die Kellys schwören total auf gesunde Ernährung«, berichtete Reporterin Caroline Wolf im Jugendmagazin ›Hit!‹ im Frühjahr '95. »Vor jedem Konzert nimmt jedes der neun Stimmwunder Vitamine, Biohefe und pulverisierte Algen zu sich.« Außerdem habe sich jedes der Kelly Kids ein spezielles Aufwärm-Programm erarbeitet, mit dem Zerrungen während der teils recht akrobatischen Tanz- und Sprungeinlagen vermieden werden sollen. Und: »Hinter der Bühne steht immer ein Entsafter, mit dem Karotten- und Orangensaft gemacht werden. Zucker, Alkohol und Zigaretten sind für Kathy, John, Patricia, Jimmy, Joey, Barby, Paddy, Maite und Angelo schon fast ein Fremdwort.«

Was sich vor den Auftritten der Kellys hinter den Kulissen abspielt, ist eine eigentümliche Mischung aus der alten Vagabunden-Romantik der frühen Tage und den Gepflogenheiten eines professionell durchorganisierten Tourneebetriebs. Da legen Maite und ihr kleiner Neffe Sean auf dem Boden der Garderobe ein kurzes Nickerchen ein oder Patricia mixt ihren Geschwistern Rohkost-Salate – natürlich darf das selbstgemachte Hausdressing nicht fehlen. Und andererseits läßt sich John von einem Roadie den Rücken massieren, läßt sich Paddy von einem Bodyguard eine Kassette besorgen, und mit einer Garderobiere und einer Hairstylistin unterscheidet sich das Tourneeteam der Kelly Family nicht mehr allzu sehr von denen der »normalen« Kollegen.

Seit Jahren weitgehend unverändert geblieben ist das Ritual, das die Kellys in der letzten halben Stunde vor Konzertbeginn zelebrieren. Da schotten sie sich strikt vom Trubel der Halle ab, lassen niemanden mehr an sich heran, stellen sich schließlich im Kreis auf, fassen sich an

Vater Dan beim Bruzzeln, Mutter Barbara kümmert sich um die Getränke – Kelly-Idylle auf Achse.

den Händen und stoßen schließlich eine Art »Kampfruf« aus, bevor sie im Laufschritt aus der Garderobe auf die Bühne eilen – und dort wieder eine jener energiegeladenen Live-Shows abziehen, für die sie ihre Millionen Fans seit Jahren lieben.

Leben on tour

Der Tourneebus ist zwar nicht mehr der Jüngste und sieht von außen schon recht klapprig aus – doch das romantische Outfit als hinfällige Touristenattraktion täuscht gewaltig. Im Inneren fehlt es den Kellys an nichts, was für das Leben on tour nötig ist – von ein bißchen mehr Platz vielleicht einmal abgesehen. Maite kümmert sich im »Erdgeschoß« um das leibliche Wohl der Familie – ihre mobile Küche ist mit Kühlschrank, Herd und Cappuccinomaschine komplett ausgestattet. Die Treppen führen ins gemeinsame Großraum-Schlafzimmer der Geschwister, daneben hat sich Jimmy ein modernes Büro mit Funktelefon und Fax eingerichtet. A propos Funktelefon: Zumindest die größeren Konzerte, so wird berichtet, hört sich Vater Dan vom Hausboot aus via Handy »live« mit an.

Der Fuhrpark der Kelly Family ist inzwischen auf eine ansehnliche Größe angewachsen. So besitzen die Musiker mittlerweile nicht nur den bekannten alten roten Doppeldecker-Bus, sondern ein ähnliches Modell auch noch einmal in grüner Lackierung. Leider hat sich der »Ersatzbus« in den vergangenen Monaten nicht selten bewährt – denn eines der uralten Ungetüme ist meistens nicht ganz in Ordnung. Kein Wunder bei dem dichtgedrängten Tourplan der Family.

In demjenigen der Busse, der gerade einsatzfähig ist, schlafen normalerweise Paddy, Joey, Jimmy, Maite,

Barby, Angelo, Patricia und Johnny – wobei Johnny den Bus meistens noch steuert, während seine Geschwister schon schlafen, und er erst dann in die Decken kriecht, wenn er das Gefährt irgendwo unterwegs auf einem Parkplatz abgestellt hat. In einem eigenen Wohnmobil reisen Kathy mit Ehemann Vincent und Söhnchen Sean – und vor allem die Kelly Kids mit etwas leichterem Schlaf verdanken dieser Regelung eine ruhigere Nacht. Schließlich schert sich der kleine Sean herzlich wenig darum, ob seine Onkels und Tanten nach bis zu drei Auftritten pro Tag ungestört durchschlafen wollen: Hunger ist Hunger, und am schönsten ist es für den Knirps natürlich, mit wehrlosen, weil noch völlig verschlafenen Erwachsenen zu spielen ...

Nicht immer ist das Tourneeleben der Kelly Family die pure Romantik. Wenn die Kellys zum Beispiel am frühen Morgen aus ihrem Bus klettern und durch Regen und kalten Wind zur nächsten öffentlichen Toilette rennen müssen, um sich dort die Zähne zu putzen oder die Haare zu waschen, bleibt herzlich wenig übrig von dem für viele so verlockenden Traumbild des modernen Zigeunerlebens. Die Tage der Kellys sind ohnehin kein reines Zuckerschlecken. Morgens gegen 7 Uhr beginnt der Tag meistens, und wenn Johnny irgendwann in der Nacht den Motor seines Busses abstellt und sich endlich auch ein paar Stunden hinlegt, haben sie ein dichtbepacktes Programm hinter sich gebracht. Bis zu drei Konzerte, Autogrammstunden, Hausarbeit (beziehungsweise Bus-arbeit ...). Den Aufbau der Licht- und Soundanlage sowie der Bühne besorgen inzwischen zwar Roadies für die Kelly Family, aber Johnny sieht auch hier nach dem Rechten und packt immer wieder mit an.

Zwischendurch helfen die Geschwister ihren Roadies beim Verkauf von Platten, Videos und Fan-Artikeln; orga-

Angelo an seinem Lieblingsinstrument: dem Schlagzeug.

nisatorischer Kleinkram für die Konzerte der nächsten Tage muß erledigt werden, ab und zu gibt's was zu schrauben am Bus – und wenn dann noch Zeit bleibt, schreiben die Kellys neue Songs.

Da kann man gut verstehen, wenn sich Paddy, Angelo, Kathy, Maite, Barby, Jimmy, Joey, John und Patricia während ihrer ausgedehnten Tourneen ab und zu eine Übernachtung im Hotel gönnen und daß sie, wenn sich die Möglichkeit ergibt, ihre wenigen freien Stunden am liebsten am Strand verbringen.

Das Privatleben kommt zu kurz

Mitte Dezember 1994 hatten die Kellys mit der aktuellen CD »Christmas For All« und den weihnachtlichen Einlagen während ihrer Konzerte zwar viele ihrer Fans längst in Adventsstimmung gebracht – auf die Stars selbst wartete aber noch immer ein Stück harter Arbeit: In der Kölner Sporthalle, wo ihnen an diesen Tagen Tausende von Fans zu Füßen lagen, absolvierten sie nach ihren Konzerten noch die Dreharbeiten für ein neues Video, das sie unter anderem mit der Benefiz-Hymne »We Are The World« auf der Bühne zeigte. Der einstige Megaseller, der von Michael Jackson und Lionel Ritchie angeführten Super-star-Versammlung USA For Africa, war damals bereits einer der Höhepunkte jeder Kelly-Show – und der eingän-gige Song schien wie gemacht für die vielköpfige Musikerfamilie. Inbrünstig übernahmen Paddy, Angelo und ihre Geschwister jene Gesangsparts, die ursprünglich Bruce Springsteen, Cyndi Lauper, Michael Jackson oder Bob Dylan an die Spitze der internationalen Hitlisten geführt hatten. Und mehr noch als jenen prominenten Kämpfern gegen Welthunger, Unterdrückung und bittere Armut scheinen die Textzeilen den Kellys aus dem Herzen zu klingen: »Wir sind die Welt, wir sind die Kinder« – live funkelte da schon nach den ersten Tönen des Ohrwurms ein wahres Meer aus Feuerzeugen und Wunderkerzen.

Diese atemberaubende Stimmung für ein Video mit all seinen Kameraschwenks und Bildschnitten in der leeren Halle auf der Bühne noch einmal lebendig werden zu lassen, ist ein Kunststück, das nur wenigen Musikern wirklich gelingt – und auch den Kellys fiel es nicht leicht, die aufrichtige Freude, die sie eben noch vor den kreischenden Fans zu Höchstleistungen angespornt hatte, ohne die Unterstützung des Publikums noch einmal nachzuerleben. Doch es half nichts: Um die Fans während der Auftritte nicht durch Kameramänner zu stören, die ihnen bei Nahaufnahmen die Sicht auf ihre Lieblinge nehmen würden, mußten einigen Einstellungen in mühevoller Kleinarbeit nachgestellt werden. Der einzige Tip, der die Kellys dabei weiterbrachte: »Stellt euch vor, das Publikum wäre noch da ...« Also noch einmal raus auf die Bühne, ins heiße, gleißende Scheinwerferlicht, das allen unter den dicken Weihnachtskostümen den Schweiß aus den Poren treibt.

Für ihr Publikum, da sind sich die Kellys sicher, lohnt sich eine solche Mühe – für die Fans, die sich kleiden wie ihre Idole, die wie Paddy und die anderen auf Yuppie-Schnickschnack verzichten und die sich – so hoffen es jedenfalls die Musiker selbst – die Kelly Family auch in punkto Lebenseinstellung zum Vorbild nehmen. Daß man nämlich nicht dem Konsumrausch erliegt, daß man moralische Werte achtet und daß man zunächst gibt, statt zu nehmen und zu fordern.

Weihnachten

Geben – das bedeutet für die Kellys selbst, daß sie zum Beispiel auch einen Teil ihres Weihnachtsfestes »opfern«. An Heiligabend, das ist inzwischen schon Tradition, stehen noch ein, zwei Überraschungskonzerte an – in Kinderheimen oder Krankenhäusern etwa. Und es kommt auch schon einmal vor, daß sie auf dem Weg zum Auftritt noch kurz Station machen, um unter einigen Obdachlosen, die sie unterwegs treffen, mit Gitarre und Gesang Weihnachtsstimmung zu verbreiten. Aus ihrer Zeit in Spanien kennen die älteren Geschwister noch die dortigen Gebräuche. »In Spanien feiert man fröhliche Weihnachten«, wurde Patricia einmal in der Zeitschrift ›Praline‹ zitiert, »geht auf die Straße, singt mit anderen Menschen. Es ist ein großer Karneval.«

Erst am späten Heiligabend kommen die Kellys selbst zur Ruhe. Dann wird's feierlich auf dem Hausboot im Kölner Hafen, es gibt Kuchen mit Äpfeln und Nüssen – und endlich Zeit, sich ausgiebig und ohne Termindruck über Gott und die Welt zu unterhalten. Besonders gern erinnerte sich Maite in einem Interview mit ›Bravo‹ im Dezember 1994 an das Jahr, als die Mauer in Deutschland fiel: »Als die Grenzen zu Ostdeutschland fielen, gingen meine älteren Geschwister dort auf große Tournee. Nur Angelo und ich blieben zu Hause und versorgten Vater. Als die anderen am Weihnachtstag zurückkamen, bereitete ich ihnen einen super Empfang. Ich hatte frisches Popcorn gemacht, und der Tisch war voller Plätzchen und Kuchen. Auch dieses Jahr werde ich zu Weihnachten für die ganze Familie Plätzchen backen.«

Allerdings dauert die Idylle nur wenige Tage – und Geschenke gibt's ebenfalls keine an Weihnachten: In Anlehnung an die spanische Tradition findet die Bescherung im Hause Kelly erst am 6. Januar statt.

Religion spielt für die Kellys zwar eine Rolle – allerdings eher als ein grober Leitfaden, denn als krampfhaft eingehaltener Ritenplan. »Mmmh«, sinnierte Johnny einmal, als ihn ein Reporter der Bielefelder Zeitung ›Neue Westfälische‹ fragte, ob die Kellys eine gläubige Familie seien, »Nicht so strenggläubig, wie manche denken. Unser Vater ist Katholik, und unsere Mutter war Protestantin. Und wenn wir in unseren Liedern über die Mutter Gottes singen, ja ... die Figur der Mutter ist wichtig. Die Mutter, die die Familie zusammenhält, die Mutter Gottes. Die Mutter Erde. Wir leben auf einem Planeten, alle auf der Mutter Erde, die uns ernährt, und dann ist es wichtig, sie zu ehren, sie zu schützen. Alles ist wie ein Kreislauf, und die Mutter steht immer im Mittelpunkt. Wenn wir die Mutter Gottes besingen, heißt das nicht gleich, daß wir streng katholisch sind, aber wir ehren sie.« Und Paddy meinte Anfang 1994 zu ›Bravo‹: »Na ja, ich bin katholisch und glaube an Gott. Aber wir gehen nur selten in die Kirche, nur wenn es sich ergibt und wir wirklich Lust darauf haben. Letztes Jahr waren wir nur einmal.«

Konzertkritik nach einem Auftritt in Hannover: »Die Lautstärke war gehörig, und wie schrill so ein Kindersopran sein kann, wurde dem Unwissenden ausführlich demonstriert.«

Rund 400 Konzerte im Jahr, meistens zweimal pro Tag auf der Bühne – kein Wunder, daß da die meisten Kellys ihre Geburtstage on the road feiern. Mit den Fans. Und so werden immer einzelne Konzerte zur grandiosen Birthday Party. Joey Kelly zum Beispiel feierte seinen 22. Geburtstag 1994 in Duisburg vor 3000 begeisterten Fans – wie auch Angelo, der sich wenig später in derselben Stadt vom jubelnden Publikum für seinen 13. Geburtstag hochleben ließ. Sean, der Sohn von Kathy, hätte sogar beinahe das Licht der Welt während eines Konzerts erblickt: Kathy war bis zum Schluß als hochschwangere Frau mit ihren Geschwistern auf Tournee – die Geburt ging dann in Ost-Berlin »über die Bühne«, zum Glück nur im übertragenen Sinne ...

Urlaub

Auch ein regelmäßiger Urlaub ist für die Kellys meistens nicht drin. Deshalb zeigen sie sich recht einfallsreich, wenn es darum geht, sich zwischen all den Terminen ab und zu einen kleinen Freiraum herauszumogeln. Im nordostdeutschen Wismar etwa nutzten die Kellys 1994 die Gelegenheit, eine kleine Pause am Strand einzulegen. Zwischen dem Ende des ersten Konzerts gegen 13 Uhr und dem Beginn des nächsten um 18.30 Uhr büchsten die Geschwister kurz aus, um es sich am Meer ein paar Stunden gemütlich zu machen. Der Rest der Pause ging für die täglichen Pflichten drauf: Kathy und Maite zauberten hinter der Bühne ein kleines Mittagessen für die Familie, und Kathy gab einer Reporterin der örtlichen Tageszeitung ›Mecklenburger Nachrichten‹ ein kurzes Interview. »Man sieht, daß es vorwärts geht«, lobte sie mit Blick über die Innenstadt, in der die Kellys schon zwei Jahre zuvor aufgetreten waren. »Die Leute scheinen viel positiver

Joey ist mit seiner rauhen Rockstimme für die härteren Töne im Kelly-Repertoire zuständig.

Steckbrief

Name: Joey (Joseph Maria)
Geburtstag und -ort: 20.12.1972 in Camonal, Spanien
Haarfarbe: Blond
Augenfarbe: Blau
Instrumente: E-Gitarre, Tin Whistle (Zinnflöte), Drehleier, Akkordeon, Congas, Baß, Trompete
Hobbies: Schlafen, Technik, Heavy Metal

Johnny war vor Jahren einmal der Star der Band – heute genießt es der etwas introvertierte Typ, eher im Hintergrund stehen zu können.

Steckbrief

Name: John

Geburtstag und -ort: 8.3.1967 in Talavera, Spanien

Haarfarbe: Blond

Augenfarbe: Blau

Instrumente: Hat sich seine erste Trommel selbstgebastelt, Schlagzeug, Gitarre, Gesang

Hobbies: Musik, Fotografieren, Filme

Barby sorgt unter anderem an der Percussion für ausgelassene Stimmung.

Steckbrief

Name: Barby (Barbara Ann)
Geburtstag und -ort: 28.4.1975 in Camonal, Spanien
Haarfarbe: Blond
Augenfarbe: Blau
Instrumente: Akkordeon, Klavier, Gitarre, Congas
Hobbies: Malen, Schreiben, Kostüme schneidern, Kunst, Tanzen

Jimmy geht auf der Bühne richtig aus sich heraus.

Steckbrief

Name: Jimmy (James Victor)

Geburtstag und -ort: 18.2.1971, Camonal, Spanien

Haarfarbe: Blond

Augenfarbe: Blau

Instrumente: Gitarre, Baß, Akkordeon, Klavier

Hobbies: Schlafen, Filmen, Geschichten erzählen, Kino, Bogenschießen

drauf zu sein und mehr Vertrauen in die Zukunft zu haben.« Danach aber ging's sofort ans Meer – und wann immer sich die Gelegenheit dazu bietet, zuckeln sie zwischen zwei Live-Stationen mit ihrem Doppeldecker-Bus an den Strand und legen dabei manchmal auch einen Tag Kurzurlaub ein. »Im Sommer touren wir immer gerne an der Ostsee«, erklärte Kathy der Zeitschrift ›Bravo‹. »Da unsere Konzerte nachmittags und abends sind, gehen wir morgens oft schwimmen und einmal in der Woche gönnen wir uns, wie heute, einen freien Tag.« Und Paddy schwärmte von den Nachtlagern der Familie am Strand: »Bei so einem herrlichen Wetter schlafen wir viel lieber draußen. Es gibt nichts Schöneres, als mit dem Sternenhimmel über dem Kopf einzuschlafen.«

Familienleben

Ganz klar im Vordergrund scheint für die Kellys das Zusammenleben in der Familie zu sein. Wahrscheinlich verstärkt durch den Verlust der Mutter und die schwere Krankheit des Vaters leben die Kelly Kids einen Familienzusammenhalt vor, der seinesgleichen sucht. Und während andere Teens und Twens am Abend durch die Discos ziehen, kehren Paddy, Angelo, Kathy, Maite, Barby, Jimmy, Joey, John und Patricia nach den Konzerten statt dessen lieber in den Tourbus zurück oder, wenn es irgend geht, aufs heimische Hausboot zu Vater Daniel Kelly.

Und vor allem, wenn Paddy und seine Geschwister wieder wochenlang für Konzerte in allen Winkeln des Landes unterwegs waren, freuen sie sich auf die Rückkehr aufs Hausboot. »Wir haben unseren Vater fast zwei Wochen lang nicht gesehen«, erklärte Maite der ›Bravo‹-Reporterin im Oktober 1994, warum es sie so sehr zurück in Richtung Köln zog.

»Leider gibt es so viele kaputte Familien«, bedauerten die Kelly Kids einmal in einem Interview. »Vielleicht sieht man in uns das Ideal einer heilen Welt.« Und Paddy lachte: »Wir machen alles gemeinsam. Nur aufs Klo gehe ich ohne meine Geschwister. Jeder hat sein eigenes Zimmer, aber meistens sind wir doch alle zusammen.«

Da kommt es – zumal die Family auf ihrem Hausboot auf sehr engem Raum zusammenlebt – natürlich auch mal zu Reibereien. »Klar«, verriet Angelo der Zeitschrift ›Frau aktuell‹, »daß bei uns auch die Fetzen fliegen. Ist

Die Kellys auf ihrem Hausboot. Der Kahn lief zwar schon 1929 vom Stapel – die Schwimmwesten wurden bisher aber zum Glück trotzdem noch nicht gebraucht.

doch in jeder Familie so.« Und Kathy, ganz die vernünftige ältere Schwester, schwächte im Gespräch mit ›Bravo‹ ab: »Natürlich streiten wir auch mal. Aber wir gehen uns nie wirklich auf die Nerven. Wir sind dieses gemeinsame Leben so gewöhnt. Das friedliche Miteinander hat uns unsere Mutter vorgelebt. Sie hatte zwölf Kinder zu versorgen und tat das mit einer bewundernswerten Ruhe und Selbstverständlichkeit. Sie hat nie geschrien, nie die Geduld verloren. Sie ist mein großes Vorbild und wird in unseren Herzen immer weiterleben!«

Die Wahrheit liegt wohl, wie so oft, dazwischen. Patricia zum Beispiel sagte einmal: »Natürlich gibt es auch bei uns familieninterne Reibereien. Das ist ja wohl klar. Sonst wären wir keine richtige Familie, sondern ein Kunstprodukt. Es ist wahnsinnig schwierig, die Meinungen von neun Geschwistern unter einen Hut zu bringen, und dann kommt ja auch noch unser Vater dazu, den wir sehr lieben und dessen Meinung wir voll respektieren.« Für Jimmy wiederum ist der Umstand, daß alle ihren Alltag so »dichtgedrängt« miteinander verbringen, eher ein Vorteil: »Wir leben als große Familie auf engstem Raum zusammen, da lernt man, Rücksicht aufeinander zu nehmen«, erklärte er ›Bravo‹ im Oktober '94 seine Mei-nung. »Über Kleinigkeiten streiten sich vor allem die jüngeren. Machmal gibt's auch schon mal Streit, wenn jemand auf der Bühne unkonzentriert ist und einen Fehler gemacht hat.« Musikalische Dinge sind es dann auch, über die sich die Familienmitglieder am meisten streiten.

Damit, daß sich die Kellys zum Teil eine Kajüte zu zweit teilen, gab es offenbar keine Probleme. Im Gegenteil: Immer wieder ließen die »Kajüten-Partner« durchblicken, daß das enge Zusammenleben hier eher für Spaß als für Ärger sorgte. »Da herrscht das reine Chaos«, verriet Angelo 1994 ›Bravo‹-Reporterin Corinne Ullrich. »Die

Kajüte ist etwa sechs Quadratmeter groß und mit Teakholz verkleidet. Es steht nur ein großes Bett drin, das Paddy und ich uns teilen.« Und ein anderes Mal schränkte er grinsend ein: »Aber wir sind da wirklich nie drin. Sie ist so chaotisch und vollgestopft, daß wir beide überhaupt nicht mehr reinpassen. Wir schlafen meist draußen, im Sommer an Deck, da ist es am schönsten.« Auch Maite und Barby teilten sich einen Raum. »Wir sind total verschieden«, erzählte Barby dem Magazin. »Maite ist eine extrovertierte Draufgängerin, und ich bin eher schüchtern und nachdenklich. Aber wir streiten uns trotzdem nie.«

Bescheidene Millionäre

Mit ihrer Musik haben sie inzwischen längst Millionen verdient – da fragt sich nicht nur die Boulevardpresse, warum Vater Dan und seine Kinder noch immer auf ihrem eher bescheiden ausgestatteten Hausboot leben. Leisten könnten sie sich schicke Autos oder eine noble Villa allemal. »Ich hasse Luxus«, wetterte Dan Kelly dazu einmal gegenüber der Zeitschrift ›Freizeit Revue‹. »Wir brauchen keine Glitzerkostüme. Wir sind ja nicht Dean Martin. Wir wollen unser Publikum glücklich machen.« Und Patricia kann sich noch gut erinnern an die Zeit in Spanien, als die Familie noch weniger »Luxus« als heute besaß. »In Spanien«, war im Februar 1995 in der Zeitschrift ›Tempo‹ zu lesen, »waren wir auch ohne Strom und Wasser glücklich, und wir können uns immer noch über ein Essen freuen, das stundenlang in einem Kessel auf einem Lagerfeuer gekocht hat.«

Spanien, Frankreich, Deutschland, Amerika, Irland – die Kellys sind schon reichlich herumgekommen in der Welt. Dementsprechend vielfältig sind denn auch die

Sprachkenntnisse der Kelly Kids. Und das können sie auch im Alltag gut gebrauchen: »Wir sprechen zwar gut deutsch«, sagte Joey im Herbst '94 zu ›Bravo‹, »aber privat unterhalten wir uns meistens in englisch. Ab und zu reden wir auch spanisch, da die meisten von uns in Spanien geboren und aufgewachsen sind. Nur mit Kathys Mann Vincent reden wir französisch.«

Verheiratet oder auf eine andere Art in festen Händen ist außer Kathy gerade niemand in der Familie. »Zur Zeit sind wir alle solo«, verriet Patricia der Jugendzeitschrift. »Für eine feste Beziehung haben wir keine Zeit. Wir sind nonstop unterwegs, da ist es sehr schwierig, eine Freundschaft aufzubauen. Wir sind zwar alle solo, aber in unserer Familie ist keiner allein. Ich habe viele Kumpel, jedoch keinen festen Freund. Vor einigen Jahren war ich stark verliebt, aber in wen, das bleibt mein Geheimnis.« Immerhin: Potentiellen Bewerbern und Bewerberinnen für einen Platz in der Kelly-Familie gab Jimmy bei dieser Gelegenheit einen kleinen charakterlichen »Wunschzettel« mit auf den Weg: »Wir haben alle denselben Geschmack: nett, einfach, unkompliziert, natürlich.«

A propos Geschmack: Welche Musik hören die Kellys denn privat? »Wir«, so wurde Kathy im Magazin ›Hit!‹ 1995 zitiert, »hören alle total unterschiedliche Musik. Von Rock über New Age-Musik bis hin zu den Gregorianischen Chorälen. Einfach queerbeet. Das wirkt sich auch positiv auf unsere Musik aus. Aber es kommt auch vor, daß wir uns unsere eigenen CDs anhören. Oft findet man darauf einen Song, bei dem man sich dann sagt: Heute hätte ich ihn anders geschrieben. Oder: Dieser Song klingt immer noch so toll wie damals. Es ist nicht so, daß wir uns unsere CDs nie mehr anhören, wenn wir sie gemacht haben, aber wir hören auch nicht ständig Kelly Family. Wie gesagt, wir hören alle möglichen Musikrichtungen. Das kommt auch immer auf die momentane Stimmung des einzelnen an.«

Eines der Idole von Paddy: der amerikanische Rocksänger Bruce Springsteen, der wiederum selbst von den Kellys begeistert ist. Der Grund für Paddys Respekt ist nicht allzu überraschend: »Er gibt auf der Bühne alles, das finde ich toll.« Und genau das lieben die Fans ja auch an der Kelly Family.

Fast müßten die Kelly Kids heute zu acht auftreten – denn Jimmy wurde es Anfang der 90er Jahre einmal zuviel, und er versuchte dem Familienleben zu entfliehen. »Ich fühlte mich irgendwie eingeengt«, vertraute er Ende 1994 der Zeitschrift ›Bravo‹ an. »Ich wollte wissen, wie das Leben draußen ist – ohne Familie.« Er schlug sich nach Irland durch, kam aber schnell wieder zurück zu seinen Geschwistern und seinem Vater. »Ich liebe Irland –

Als Sänger und Gitarrist eifert Paddy einem der prominentesten Fans der Kelly Family nach, Bruce Springsteen.

doch nach zwei Tagen bekam ich Heimweh. In Irland habe ich gelernt, mich ganz allein durchzuschlagen. Aber seitdem weiß ich, wo mein Platz ist – bei meiner Familie.«

Mobile Schule

Falsche Vorstellungen vom Leben unterwegs sollte sich natürlich keiner der zahlreichen Kelly-Fans machen. Sicher: Kein Familienmitglied muß morgens um acht mit Blaumann oder Büromappe vor der Stechuhr antreten, kein Kind muß bis in den Abend hinein auf den Vater warten, weil der auf dem Heimweg von der Arbeit im täglichen Autostau steckt – und auch eine normale Schule müssen die Kelly-Kinder nicht besuchen.

Doch pauken müssen auch sie: Vater Daniel, der selbst einmal als Lehrer gearbeitet hat, mußte für seine Familie eine Sondergenehmigung beantragen, die seine Kinder von der sonst generell gültigen Schulpflicht befreit. Seither drücken die Sprößlinge des Musiker-Clans statt der Schulbank die Sitzbänke im Tourneebus oder auf dem Hausboot. Für den regelmäßigen Unterricht sorgen Vater Dan und die älteren Geschwister selbst – außerdem kommt regelmäßig eigens eine Privatlehrerin für Schulstunden und Prufungen vorbei.

Für den Speiseplan steht gesunde Kost bei den Kellys obenan – auch wenn das nicht immer so lecker klingt, wie es gesund sein soll. Lebertran zum Beispiel dürften auch die jüngeren Kelly Kids kaum mehr genie-ßen, als ihre nicht so prominenten Altersgenossen. Außerdem gibt's immer wieder Vitaminkapseln und – das wenigstens macht Appetit – frisch gepreßte Obst- und Gemüsesäfte. »Gerade Obst schmeckt gut und ist gesund«, sagte Patricia einmal. »Oft bekommen wir von unseren Fans Scho-

Ende der 70er Jahre zählten die Kellys zu Dauergästen im deutschen Fernsehen – hier bei Vico Torriani.

kolade geschenkt, aber wir essen sie sowieso nicht. Also wäre es viel besser, wenn man uns Obst schenken würde.«

»Auch Algen«, versuchte Patricia die ›Bravo‹-Reporterin 1994 zu überzeugen, »sind total gesund. Wir bekommen von unserem Onkel aus Amerika immer ein Algenkonzentrat, ›Spirolina›, davon gibt's täglich einen Drink, da sind alle Mineralstoffe und Vitamine enthalten, die der Körper braucht.« Jod ist in dem Präparat enthalten, ebenso Kieselsäure, die gut für die Haut sein soll. Außerdem hat das Konzentrat die Eigenschaft, im Magen aufzuquellen und dadurch das Hungergefühl zu stillen. Übrigens gibt es zwei Gründe, warum sich die Kellys ›Spirolina‹ nicht mehr von ihrem amerikanischen Onkel schicken lassen müßten. Erstens: Als Algenkonzentrat in Kapselform gibt's das Mittel auch in deutschen Reformhäusern – 84 Kapseln zu 24,80 Mark. Zweitens: In Naturkostläden wird von solchen Präparaten eher abgeraten, weil es sich »um eine Konserve« handle – statt dessen werden dort getrocknete Algen empfohlen, die »wie Gemüse zubereitet werden und nach Meer schmecken«. Paddys Lieblingsessen ist ohnehin ein ganz anderes – und es wirkt ziemlich normal für Jungs seines Alters – »Maites Pizza!«

Maite hat scheinbar ohnehin ein gutes Händchen für Speisen und Gewürze, deshalb ist sie die »Chefköchin« der Familie – und auch jedes andere Familienmitglied hat seine festen Aufgaben an Bord des Hausboots und unterwegs auf Tournee. »Ich«, erzählte Angelo im Winter '94 der Zeitschrift ›Bravo‹, »bringe den Müll raus, füttere und putze Finbar, unseren irischen Wolfshund, schrubbe das Deck unseres Hausbootes und kümmere mich um mein Schlagzeug, wenn wir auf Tour sind. Ich baue es immer selbst auf und mache den Soundcheck.« Und Patricia meinte Anfang 1995 zum Jugendmagazin S-Infos: »Jeder tut das, was er am besten kann. Maite ist unsere Köchin. Barby hält die Kostüme in Ordnung, während Joey sich um die Technik kümmert. Aber bei der Hausarbeit helfen alle mit. Denn bei uns herrscht eben absoluter Teamgeist. Da läuft alles Hand in Hand ...«

Intakte Großfamilie

Die Kellys sind eine Großfamilie im wahrsten Sinn des Wortes. Und dabei ist manchen Fans gar nicht bekannt, daß es außer den neun »prominenten« Kelly Kids Kathleen Ann (»Kathy«), John, Patricia, Jimmy, Joey, Barbara-Ann (»Barby«), Paddy, Maite und Angelo noch drei weitere Kinder aus der reichlich fruchtbaren Ehe von Mama und »Mapa« gibt. Der älteste Sohn, Danny, kam 1961 zur Welt. Ein Jahr jünger ist Tochter Caroline, noch zwei weitere Jahre später wurde Paul geboren.

Heute gelten die drei »verschollenen« Kelly-Sprößlinge als absolutes Tabu-Thema für Interviews. Von Vater Dan war nur ein einziger, ziemlich barscher Kommentar zu den dreien zu finden. Die Zeitschrift ›Frau aktuell‹ zitierte ihn im April 1995: »Zur Familie gehört nur, wer auch mit uns musiziert.« Johnny dagegen gab sich viel versöhnlicher, als er von der Tageszeitung ›Neue Westfälische‹ in Bielefeld darauf angesprochen wurde: »Caroline macht nicht mehr mit seit langem, und Paul macht seine eigene Musik. Paul hat eine eigene Familie und liebt die mittelalterliche Musik. Er tourt auch durch Deutschland, und manchmal, wenn wir auf einem irischen Festival sind, schaut er bei uns vorbei. Und wir tanzen zusammen, singen zusammen, haben Spaß zusammen. Aber er geht seine eigenen Wege, und das ist okay. Wenn einer von uns etwas anderes machen möchte, kann er das tun. Dann spielen wir eben nur zu acht. Wir bleiben trotzdem die Kelly Family.«

Dennoch: Allzu gerne scheinen die Kellys nicht über ihre drei Geschwister Caroline, Paul und Danny zu sprechen. Dementsprechend spärlich sind die Informationen, die es über die drei gibt. Der Älteste, Danny, ist geistig behindert. Er war früher mit seiner Familie immer auf den Tourneen dabei, wurde von seinen Eltern umsorgt. Caroline und Paul (er spielte Geige) verließen die Familien-Band Anfang der 80er Jahre. Paul jobbte danach als Koch in Frankreich, Caroline arbeitete als Krankenschwester in den Vereinigten Staaten.

Zwölf Kinder sind eine ganze Menge – doch Mutter Barbaras größter Wunsch, so war gelegentlich zu hören, sei es gewesen, 15 Kinder aufzuziehen. Dazu ist es nicht mehr gekommen. Als Angelo, ihr Jüngster, zur Welt kam, war sie bereits an Krebs erkrankt, und sie starb, als er noch ein Baby war. Eines der letzten Bilder, das von ihr veröffentlicht wurde, zeigt sie mit Angelo auf dem Schoß: Der Knirps nuckelt an seiner Flasche, eine Zipfelmütze auf dem Kopf, die Kamera des Fotografen fest im Blick – und Barbara Kelly hält ihn zärtlich im Arm, hat die Haare streng nach hinten gebunden, und lächelt ein wenig müde aus dem bereits etwas verhärmten Gesicht.

Das Outfit der Kellys

Zu einem der Markenzeichen der Kelly Family sind längst die langen Haare geworden. »Dabei war das nie geplant«, wurde Patricia Mitte 1994 in der Zeitschrift ›Praline‹ zitiert. »Als wir vor einigen Jahren in Paris waren, liefen dort alle mit kurzen Haaren rum, weil das gerade ›in‹ war. Aber da wir nicht jeden Trend mitmachen, haben wir beschlossen, die Haare wachsen zu lassen. Für die Jungen gibt das natürlich manchmal Probleme. Auf öffentlichen Toiletten werden sie gelegentlich gefragt, ob sie sich nicht vielleicht in der Tür geirrt haben ...« Paddy jedenfalls nimmt so etwas mit reichlich Humor. »Viele verwechseln mich mit einem Mädchen«, meinte er einmal. »Vielleicht sollte ich mir einen Bart wachsen lassen. Aber dann verwechseln sie mich garantiert mit dem Nikolaus.«

Daß die üppige Haarpracht natürlich auch ihre Tücken hat, wissen aber auch die Schwestern längst. Patricia und Maite zum Beispiel hatten sich vor einem Konzert in der Essener Grugahalle etwas vertrödelt mit dem Haarewaschen – und weil die Zeit drängte, verhalfen sie zwei weiblichen Fans aus Recklinghausen zu einem ungewöhnlichen Schnappschuß fürs private Fotoalbum: Zu sehen sind darauf die beiden Kelly-Mädchen, wie sie lachend mit Lockenwicklern in die Halle eilen.

Das Outfit der Geschwister – eine ziemlich schrille Mischung aus Hippieklamotten, mittelalterlich anmutenden Kostümen und wallenden Gewändern – ist ebenfalls keine Masche der Kellys, sondern die Zusammen-stellung der Kleider ergibt sich eher zufällig. »Wir kaufen die meisten Sachen, die wir tragen, auf dem Flohmarkt«, meinte Angelo einmal zu ›Bravo‹. Und Patricia fügte hinzu: »Wir achten immer darauf, daß die Kleidung hundertprozentig aus Naturmaterialien, also Baumwolle, Wolle, Seide oder Leder, besteht.«

Schmuck tragen die Kellys ebenfalls – allerdings nicht, um mit dem Wert der Stücke zu prahlen. Der liegt ohnehin anderswo als im Preis, wie Patricia einmal zu Recht erklärte: »Ich finde, Schmuck sollte immer ein Geschenk sein, durch das man sich an die Person erinnert, die einem das Stück geschenkt hat.« Und Paddy meinte in der ›Bravo‹ vom 27. Oktober 1994: »Wir kaufen uns vieles selbst, aber auch Fans schenken uns schöne

Singende Kinder in putzigen Rüschenhemdchen, hier auf einem Foto aus dem Jahr 1988 – immer wieder hatten die Kellys dagegen anzukämpfen, daß sie in die Kitschecke abgedrängt wurden.

Die Kelly Family in mittelalterlich wirkenden Kostümen während eines TV-Auftritts bei der »Goldenen Schlagerparade«.

Sachen. Wir stehen alle auf keltischen Silberschmuck. Ich selbst habe einen Ohrring in jedem Ohr, aber ich trage keine Ringe, weil ich Gitarre spiele.«

Die Kellys – Hippies der 90er Jahre?

Durch ihr naturverbundenes Leben, ihren ausgeprägten Familiensinn, ihre Absage an die Konsumgesellschaft und ihre Botschaft von Liebe und Frieden werden die Kellys gerne als Hippies der 90er Jahre bezeichnet. Doch der Vergleich hinkt ein bißchen.

Die Hippies oder Blumenkinder der 60er Jahre kehrten zwar auch der Konsumgesellschaft den Rücken und träumten von »Love & Peace«. Und wahrscheinlich war Vater Dan Kelly von den Vorläufern dieser Bewegung stark geprägt, als er in den 60ern den Schuldienst in den USA quittierte und nach Spanien übersiedelte.

Doch während sich die Blumenkinder damals die Zeit bis zum Anbruch des Wassermann-Zeitalters mit einem kräftigen Zug aus dem gemeinsamen Joint vertrieben, sind Drogen für die Kelly Family absolut tabu. Auch haben sich Dan Kelly und seine Kinder nicht aufs Träumen allein verlegt, sondern haben ihre Ideale tatkräftig Wirklichkeit werden lassen.

Besuch in Irland

»Paddy steigt aus dem Flieger, wirft sich auf die Knie und küßt den Boden: ›Wir sind in der Heimat!‹ ruft er. Nach 14 Jahren betreten die Kellys zum ersten Mal wieder irischen Boden.« So schwärmerisch beginnt am 3. März 1994 ein Bericht des Jugendmagazins ›Bravo‹ über eine dreitägige Stippvisite der Kelly Family in Irland.

Paddys Ausruf hätte korrekterweise eigentlich lauten müssen: »Ich bin in der Heimat!« Denn er ist das einzige der Kelly Kids, das tatsächlich in Irland geboren wurde: am 5. Dezember 1977 in Dublin. »Wir haben alle einen irischen Paß, aber nur ich bin in Irland geboren«, sagt Paddy. »Die Vorfahren meines Vaters sind letztes Jahrhundert von Irland nach Amerika ausgewandert. Mein Vater kehrte nach Europa zurück. Ich habe in Spanien, Frankreich und Holland gelebt, die ganzen letzten Jahre haben wir in Köln verbracht.«

Gerade mal acht Monate lang lebte die Familie auf der »Grünen Insel« – die Station auf ihrer »Familientournee« durch Europa entpuppte sich nur als kurzes Zwischenspiel. Später, um 1980 herum, hatten die Kellys noch einmal irischen Boden betreten, danach war die Familie nicht mehr in die Heimat der Ahnen gekommen – bis 1994 eben.

Im Laufe des Jahres hatte bei Paddy, Angelo, Kathy, Maite, Barby, Jimmy, Joey, John und Patricia der Plan eines Besuchs in Irland nach und nach konkrete Formen angenommen. »Den ganzen Sommer über«, meinte Johnny am 14. Juli 1994 zu ›Bravo‹, »spielen wir auf den Plätzen in Deutschland und machen keinen Urlaub. Aber wir haben fest vor, im Herbst in unsere irische Heimat zu segeln.« Und Paddy fügte hinzu: »Ich bin sehr gespannt auf Irland. Ich bin in der Nähe von Dublin geboren, in einer stürmischen Nacht in einem Campingwagen. Die Hebamme kam nicht rechtzeitig, und mein Vater hat mich geholt. Aber wir sind weggezogen, als ich fünf Monate alt war. Bald werden wir für einen Fernsehauftritt und vielleicht einige Konzerte dort hingehen, und darauf freue mich sehr.«

Gesegelt sind sie dann zwar nicht – soviel Zeit für Romantik ließ ihnen der dichtgedrängte Terminkalender leider nicht. Trotzdem: Für eine rührende Geschichte um die Heimkehr der Musikvagabunden eignete sich der Ausflug ausgezeichnet. Und so wurde die Rundreise – zum Teil mit einem eigens dafür gecharterten Jet – ein voller Erfolg für die sympathische Familienbande.

Die »Ausbeute« konnte sich sehen lassen. Fotos von den grandiosen Cliffs Of Moher. Straßenkonzerte in Dublins Fußgängerzone – Patricia: »Es ist, als würden wir in die Vergangenheit zurückspringen. Ich hatte richtig Tränen in den Augen.« Eine spontane Session in einem Dorfpub. Ein Auftritt in einer TV-Show in Belfast. Und ein Besuch in McGanns, jenem Pub, in dem die Kellys vor vielen Jahren ihr erstes Konzert in Irland absolviert hatten. ›Bravo‹-Reporterin Corinne Ullrich in ihrem Bericht: »Zu ihrer großen Überraschung hängt in dem gemütlichen Gastraum noch ein Foto von ihnen aus alten Tagen. ›Hey, das bin ja ich‹, stellt Johnny erstaunt fest und zeigt auf einen blonden, zehnjährigen Jungen mit Drumsticks in der Hand.«

»Ich habe wirklich das Gefühl, daß Irland meine Heimat ist«, urteilte Barby später. Und Maite meinte: »Ich kann mir sogar vorstellen, hier zu leben.« Dennoch: »Zu Hause«, versicherte Jimmy ›Bravo‹, »sind wir trotzdem

Selbst in Ladenpassagen kann die musikalische Großfamilie Stimmung in die »Bude« bringen.

auf unserem Hausboot bei Köln und auf den Straßen Europas.«

Und so konnten sich die Kellys wenigstens getröstet fühlen, wenn sie im Norden Deutschlands unterwegs waren, wo sie sich schon früh eine treue Fangemeinde hatten erspielen können. »Ich habe immer Sehnsucht nach Irland, aber ich mag auch Norddeutschland«, erzählte Kathy der ›Schweriner Volkszeitung‹ im August 1994. »Die Landschaft ist weit und die Luft gut. Es erinnert mich sehr an Irland.« Und sollte das noch nicht reichen, sich daheim zu fühlen, bleibt den Kellys immer noch ihre Musik – und ihre Freude an einfachen Dingen wie einer »irischen« Silvester-Party im Kreis der Familie. Johnny im Dezember '94 zur ›Nordwest-Zeitung‹: »Wir feiern die ganze Nacht zu irischer Folkmusik. Obwohl ich nie in Irland gelebt habe, fühle ich mich mit den Menschen dort verbunden. Iren sind einfache, normale und bescheidene Leute.«

Die Kelly Family – gefeierte Stars

1994 war das Jahr, in dem die Kellys die Früchte der Arbeit in den vergangenen Jahren ernten konnten. Mit ihrem Super-Hit »An Angel« schossen sie die Charts hinauf, kein Radiosender mochte in seinem Programm mehr auf die eingängige Ballade verzichten – und auch in den Fan-Hitparaden räumten Paddy, Angelo, Kathy, Maite, Barby, Jimmy, Joey, John und Patricia nun kräftig ab. Im Juni-Heft der Zeitschrift ›Hit!‹ zum Beispiel schafften sie auf Anhieb den Sprung von Null auf Platz 2 und stachen damit so prominente Kollegen wie Bon Jovi, Mariah Carey, Michael Jackson oder East 17 aus. Nur Take That konnten unter den Lesern des Magazins noch mehr Stimmen gewinnen.

Einen weiteren Triumph konnten die Kellys am 25. November 1994 in Berlin feiern. In einer umgebauten Lagerhalle – schmissig und schlicht »Die Halle« genannt – veranstaltete die Jugendzeitschrift ›Bravo‹ an diesem Abend ihre »Super Party 1994«. Stars des Pop- und HipHop-Spektakels vor rund 3000 Fans waren unter anderem der Schweizer Dancefloor-Abräumer DJ Bobo, die Ludwigshafener Soulrocker Six Was Nine, die Senkrechtstarter von Scooter, die Techno-Bestseller von Magic Affair – und die Kelly Family.

Ihr Auftritt gegen Ende der Veranstaltung verwandelte die »›Bravo‹-Party« vom knallbunt besetzten Popstar-Treff zum Kelly-Konzert. Und schon vor dem Auftritt der Band hatte Co-Moderatorin und MTV-Star Kristiane Backer Schwierigkeiten, ihre Ansage loszuwerden. »›We want the Kellys!‹ schallt es aus 3000 Kehlen«, berichtete ›Bravo‹ später. »Dutzende von Spruchbändern werden in die Höhe gehalten. Kristianes Stimme ist kaum noch zu hören, als sie die beliebteste Großfamilie der Welt ankündigt.«

Und auch das Ende der vielen Fans viel zu kurzen Kelly-Show geriet zum denkwürdigen Erlebnis: Als die Family längst die letzte Zugabe hinter sich hatte, sangen die Fans lautstark »Happy Birthday« für Patricia, die an diesem Abend ihren 25. Geburtstag in wirklich würdigem Rahmen feiern konnte. Erst, als sie noch einmal auf die Bühne gekommen war und sich bei den tobenden Fans bedankt hatte, beruhigte sich das Publikum allmählich wieder.

Im Februar 1995 verlieh der populäre norddeutsche Privatsender Radio Schleswig-Holstein seine alljährlichen »R.SH-Gold«-Preise. Zur aufwendig inszenierten Gala in der Kieler Ostseehalle kamen 8000 Zuschauer – und reichlich Prominenz aus dem Musikbusineß. Jule Neigel und Sophie B. Hawkins wurden gesichtet, Eurythmics-Mitbegründer Dave Stewart, Soulpopper Robert Palmer, Nonsens-Star Helge Schneider und die schwäbischen Balladenspezialisten von Pur. Doch den Vogel schossen auch diesmal wieder alte Bekannte ab: Die Kelly Family brachten mit ihrem Kurzauftritt vor allem die jüngeren Zuschauer außer Rand und Band. Für den zweiten Teil des Abends überließen die Kellys die Bühne dann allerdings ihren Kollegen: Während der an die Preisverleihung anschließenden Party in der Kieler Diskothek »Max«

Noch 1989 traten die Kelly-Kids regelmäßig auf winzigen Bühnen wie dieser auf.

mischten sich Paddy, Angelo, Kathy, Maite, Barby, Jimmy, Joey, John und Patricia unters Publikum und schwoften die halbe Nacht durch. Die Zeitschrift ›Gala‹ schwärmte hinterher: »Endlich mal was los im verschlafenen Kiel. Gelungener Abend!«

Aller Erfolge zum Trotz sind die Kellys weitgehend dieselben geblieben. Das haben sie in erster Linie ihrem Zusammenhalt als Großfamilie zu verdanken – denn hier, im Alltag, gibt es keine Stars. »Wir achten sehr darauf, daß nichts kaputtgeht«, erzählte Kathy der österreichischen Zeitschrift ›news‹. »Dadurch, daß wir eine große Familie sind, kann immer einer den anderen, wenn der größenwahnsinnig wird, wieder runterholen. Jeder von uns muß zu Hause einfache Arbeiten machen. Wir haben keine Hausangestellten. Aber natürlich hat sich im letzten Jahr sehr viel geändert, man ist ja jetzt ein reiches Kind. Aber wir packen es gut.«

Erfolg von der Straße

Für Kenner der Kelly Family ist es kein Wunder, daß es die musikalische Großfamilie schließlich doch zu einer so steilen Karriere gebracht hat. »Das Straßengeschäft ist das härteste überhaupt im Showbusineß«, urteilte zum Beispiel der Plattenproduzent Hartmut Pfannmüller einmal. »Wer es schafft, die Menschen auf der Straße für sich einzunehmen, zufällige Passanten zum Zuhören zu ›zwingen‹, für den sind auch Hallengigs einfach zu absolvieren!«

Auch die Kellys selbst sahen ihre Wurzeln immer in der Straßenmusik – und die Auftritte in ausverkauften Hallen beileibe nicht nur im goldenen Licht. Schließlich ist es nicht gerade angenehm, sich durch Bodyguards schützen zu lassen, Konzerte wegen ausflippender Fan-Massen abbrechen zu müssen und Monate vor dem geplanten

Schlagzeilen

»Für die Kelly Family ließen 4000 Kieler den Strand sause
Festivalstimmung auf dem Europaplatz: Die Auftritte
Kelly Family gerieten zum großfamiliären Happenin
...ichten‹, 8. August 1994

»Singende Rotschöpfe begeisterten ihre Fans. Irische
Folkloregruppe Kelly Family zog jung und alt in ihren
Bann. Trotz strömenden Regens fanden sich zu den
Konzerten der Kelly Family zahlreiche Fans aus der
ganzen Region ein.«
›Mindener Tagblatt‹, 15. Dezember 1994

»Zu Weihnachten ist bei der Kelly Family das Boot voll.
Aber erst kommt an Heiligabend noch ein Überraschungs-
konzert.«
›Aachener V...

**»Auftritt der Kelly Family in Bochum – Die Mädels warfen mit
Rosen. Die Show, die Musik und die Stimmen der Geschwister,
die selbst von der hochschwangeren Kathy nicht im Stich gelassen
wurden, riß mit, begeisterte, traf ins Herz.«
›Rheinische Post‹, 1. Dezember 1994**

»Einfache und bescheidene Leute. Heute live in der
Stadionsporthalle Hannover: Die Kelly Family boomt
wie nie zuvor.«
›Nordwest-Zeitung‹, 10. Dezember 1994

»Das Publikum freute sich über die Kelly Family, diese wiederum freut
sich wahrscheinlich über das Publikum, und der Veranstalter wird sic
über beide gefreut haben. Da wollen wir dann auch nicht mäkeln.«
›Hannoversche Allgemeine Zeitung‹, 12. Dezember 1994

»Kelly Family lockte am Sonntag Tausende in ihr
Märchenzelt im Wolfsburger Allerpark: Saubere Musik
und kreischende Teenager. Gerade-mal-eben-Teenager hat-
ten das blanke Wasser in den Auge, wollten ihren Ohren
nicht trauen, brachen in Schluchzen aus. Gesetzte Fami-
lienväter verbrannten sich die Finger an winkenden
Einweg-Feuerzeugen. So viel Begeisterung kommt nicht
von ungefähr.«
›Braunschweiger Zeitung‹, 12. Dezember 1994

»3000 Fans feierten begeistert ... Stimmung schwan...
›An A...

... Family. Die ...gelo den Hit

»In Zeiten, in denen der Wind kalt um die Ohren pfeift, legen sich die Menschen ganz gern mal eine Wärmeflasche aufs Herz. Ein paar Gefühle, um den Alltag aufzutauen. Bei der irischen Kelly Family, die derzeit durch Deutschland zieht und schon einige hunderttausend Fans mit ihrer Sho... entfrostet hat, gibt's diese G... Großpackung.«
›New ...

»26 000 Fans kreischten im Hexenkessel Schleyer-Halle, Massenohnmacht. 200 kippten um. Gegen die Kelly-Konzerte wirkte die Aufführung der Teenie-Band Take That (vor 11 Tagen) wie ein Liederabend im Senior... von Castrop-Rauxel ...«
›Bild‹ Stuttgart, 24. Apr...

»Seit den seligen Tagen der Partridge Family, der Osmonds und Jacksons ist kein musikalisches Familienunter-nehmen so immens erfolgreich gewesen wie die ›irische‹ Kelly Family.«
...agazin ›Marabo‹, April 1995

»Eingängige Powersongs plus hundertprozentige Musikalität plus unbändige Spielfreude minus Eitelkeit, Starallüren und Glamour sprechen einfach für sich. Sie wollen die Menschen mit nichts anderem von si... zeugen als mit Musik pur und ungeheure...
›Live In Concert‹, März 1995

»Lüneburger von Kelly Family begeistert. Obwohl nur sechs der neun Kellys nach Lüneburg gekommen sind, reißen sie mit ihrem irischen Folk, Rock und Pop das meist junge Publikum mit.«
›Landeszeitung für die Lüneburger Heide‹, 15. Juli 1994

»Die Kids kreischten reihenweise. Bei ihrem Auftritt wollten ...00 Teenies die Bühne stürmen.«
›Gala‹, Nr. 5/1995

»**D**ie neunköpfige Musiktruppe wirkt wie ein Relikt aus der Hippie-Zeit. Und dennoch: Im vergangenen Jahr verkaufte die berühmteste Familie der Welt mehr Platten und CDs als Take That oder die Rolling Stones.«
›Frau aktuell‹, Nr.17/1995

Konzert um Genehmigungen zu bitten, anstatt sich einfach spontan mit ein paar Gitarren und einem Tamburin in die Fußgängerzone zu stellen. »Wir sind Straßenmusikanten«, sagt Kathy, »und das wollen wir auch bleiben. Wir werden immer auf den Straßen und Plätzen der Welt spielen – das ist unser Leben.« Allerdings sorgte da der zunehmende Erfolg der Familie für immer mehr Einschränkungen. »Aus Sicherheitsgründen können wir nicht mehr auf Straßen spielen«, bedauerte sie einmal gegenüber ›Bravo‹. »Wir wollen auf jeden Fall weiterhin auf den Straßen spielen, aber der Fan-Andrang ist oft so groß, daß es auch für uns schwierig wird, vor allem weil wir uns Sorgen um eure Sicherheit machen. Für den Winter überlegen wir in großen Zirkuszelten aufzutreten.«

Diese Bescheidenheit, die Sorge um die Fans und die warmherzige Ausstrahlung der Kelly Family machen den Reiz der Band sicher zu einem großen Teil aus. Ebenso wichtig allerdings: die Schwäche für eingängige Melodien. Kathy zum Magazin ›Hit!‹: »Vielleicht liegt es daran, daß unsere Songs aus sehr vielen Melodien und aussagekräftigen Texten bestehen. Anders als bei den momentanen Charts-Stürmern, die meistens im typischen Techno-Sound aufgemacht sind und deren Texte eigentlich nichts rüberbringen. Natürlich sind wir nicht gegen diese Musik, aber uns gibt sie einfach nichts.«

Ein florierendes Wirtschaftsunternehmen

»Sie verdienen Millionen – doch Papa gibt ihnen nur ein Taschengeld«, überschrieb die Zeitschrift ›Frau aktuell‹ im Frühjahr 1995 ein Porträt der Kelly Family. Und tatsächlich scheint für Paddy, Maite, Joey, Angelo, Kathy, Barby, Patricia, John und Jimmy im Privatleben Bescheidenheit als eines der obersten Gebote angesagt. Weder auf dem Hausboot noch im Tourbus, weder hinter den Kulissen ihrer ausverkauften Konzerte noch im Plattenstudio legen die jungen Musiker Wert auf unnötigen Luxus. Vater Daniel ist wahrscheinlich stolz auf diesen Charakterzug seiner Kinder – denn seit jeher versuchte er sie dazu zu erziehen, nicht allzu sehr nach Äußerlichkeiten und materiellen Erfolgen zu streben.

Daß das nicht gleichzeitig auch heißen muß, daß vor allem Vater Dan und seine älteste Tochter Kathleen nicht wüßten, wie man das Talent der Familie ordentlich versilbert, können alle bestätigen, die in den vergangenen Jahren mit den Kellys geschäftlich zu tun hatten. Dan und die Kinder kennen sehr wohl den Wert ihrer Band – und sie sind in der Branche allgemein als faire, aber harte Verhandlungspartner bekannt.

Unter Leitung von Vater Dan, der sich in den vergangenen Jahren immer wieder als cleverer Geschäftsmann erwies, ist die Kelly Family mittlerweile zu einem ansehnlichen Unternehmen im Bereich der Pop-Musik und des Merchandising geworden. Allein die familieneigene Plattenfirma Kel-Life soll neben einem dreistöckigen Bürogebäude noch über einen 18 LKWs umfassenden Fahrzeugpark verfügen. In einer riesigen Datenbank sollen die Kellys inzwischen 250 000 Adressen von potentiellen Kunden für T-Shirts, Poster oder Platten gespeichert haben – sie kommen unter anderem dadurch zusammen, daß Fans Postkarten, die sie bei Konzerten ausfüllen, mit ihrer Anschrift an die Kellys schicken, um sich für die Zukunft News und Infos über ihre Stars zu sichern.

Vater Dan, der seit seinem Schlaganfall vor einigen Jahren das Hausboot nur noch selten verläßt, hält sich während der ausgedehnten Konzertreisen seiner Kinder per Funktelefon auf dem laufenden. Auf diese Weise behält er die Kontrolle über die Aktivitäten der Band und hält unliebsame Journalisten oder Fotografen von der Familie fern. Mit Erfolg: Interviews müssen über Promotion-Profi Hans Derer beantragt werden, der sich mit seiner Stuttgarter PR-Firma um die Medienpräsenz der Kelly Family kümmert. Doch Dan gibt auf solche Anfragen hin eher selten sein okay, das Hausboot darf außer ›Bravo‹-Reporterin Corinne Ullrich überhaupt kein Journalist betreten. Und für »offizielle« Familienfotos hat nur der Bochumer Fotograf Thomas Stachelhaus die Erlaubnis des bärtigen Patriarchen.

Eigenständige Firma

Anders als die meisten anderen Künstler in der Pop- und Rockbranche sind die Kellys fast völlig unabhängig von den Zwängen und Gegebenheiten des Musikbusineß. Sie betreiben mit dem Label Kel-Life eine eigene Plattenfirma, mit der sie sich um die Aufnahmen ihrer Singles und Alben selbst kümmern. Sie haben ihr Management in die eigene Hand genommen, und wenn sie nicht gerade Cover-Versionen bekannter Songs aufnehmen, komponieren und texten sie ihr Material auch selbst.

Rund 50 Mitarbeiter, so heißt es, seien mittlerweile im Troß der Kellys beschäftigt – sie haben sich Helfer für die Pressearbeit oder für den Vertrieb ihrer Schallplatten geangelt, aber die Fäden halten sie selbst in der Hand. Und wer weiß – wenn der Boom um die Musik des eingeschworenen Clans einmal nachläßt, krempeln die Kellys die Ärmel vielleicht erneut hoch und machen auch das wieder selbst. Verkaufen ihre Platten ausschließlich während der wohl noch auf Jahre hinaus zumindest ordentlich besuchten Konzerte. Fahren den LKW mit dem dann wieder kleiner gewordenen Tour-Equipment selbst. Setzen sich selbst an die Abendkasse.

John gilt als der schüchternste Kelly – und auch auf der Bühne hält er sich selbst als Leadsänger ein wenig zurück.

»Wir haben«, sagte Dan Kelly einmal, »aus den Erfahrungen der Vergangenheit gelernt, sind mehr als eine Band, wir sind eine Familie. Und deshalb können und wollen wir nur die Verantwortung für unser Handeln selbst tragen. Wir sind es, die entscheiden, wann welche CD auf den Markt kommt, mit welchem Produzenten wir produzieren, wir und nicht irgendein Plattenkonzern.«

Dann fügte er hinzu: »Und schließlich das wichtigste: Wir sind Menschen und nicht das Produkt irgendeines Marketingstrategen einer Plat-tenfirma. Wir wollen mit ehrlicher Musik überzeugen und nicht mit aufgesetztem Image ...!«

Auch Johnny weiß die geschäftliche Unabhängigkeit der Familie zu schätzen. »Wenn du erfolgreich bist«, zitierte ihn im April 1995 das Stadtmagazin ›Marabo‹, »will jeder ein Stück vom Kuchen haben. Wir managen uns lieber selbst, wir finanzieren alles, riskieren alles, gewinnen alles.« Und für dieses »gewinnen« kristallisierten sich Anfang 1995 allmählich etwas größere Ansprüche an den kommerziellen Erfolg der Band heraus. Kathy im Februar-Heft der Zeitschrift ›Tempo‹: »Wir haben jetzt viel Verantwortung, und wir müssen diese Rolle akzeptieren. Wir sind jetzt in der Mitte eines großen Stroms. Da muß man sich entscheiden, ob man durchschwimmen oder umkehren will. Wir wollen durchschwimmen. Eines Tages möchten wir einmal Stadien füllen, so wie Bruce Springsteen.«

Die Kelly Family – das ist eine Welt für sich. Eine Welt, in der sich alles nach den Regeln abspielt, die die Familie selbst aufstellt. Und damit sind sie bisher ja nun wirklich glänzend gefahren. Auch die Vermarktung der Kelly Family ist ein Phänomen für sich. Selten macht eine Pop-Band allein in Deutschland einen Jahresumsatz in zweistelliger Millionenhöhe, ohne daß ein Fan ihnen das auch nur ansatzweise übelnimmt. Der clevere Grundgedanke, der offenbar der Kern von Dan Kellys Geschäftsphilosophie ist, führt allseits zu tiefer Zufriedenheit: Gib den Fans, was immer du kannst – und nimm von ihnen nur, was sie freiwillig zu geben bereit sind. Ins Alltagsgeschäft übersetzt, heißt das: Die Ticketpreise für Kelly-Konzerte liegen deutlich unter denen von Konkurrenz-Bands vergleichbaren Kalibers – auf Marktplätzen und in Fußgängerzonen traten und treten sie sogar auf, ganz ohne Eintritt zu verlangen. Wer mehr Geld ausgeben möchte, hat dazu innerhalb der Hallen oder im Konzertzelt der Kellys reichlich Gelegenheit: Platten, T-Shirts und jeder nur denkbare Merchandising-Krimskrams ist hier gegen Bares zu erwerben. Übrigens: Wer bei Kelly-Konzerten von einer Platte oder einem Video zwei Exemplare oder mehr kauft, darf mit Mengenrabatt rechnen. »Das sind absolute Profis«, zeigte Hans Derer, der Stuttgarter Pressebetreuer der Kelly Family, in einem Interview mit dem Branchenblatt ›Musikwoche‹ im Frühjahr 1995 Respekt vor seinen Auftraggebern. »Die haben nicht nur ihr Handwerkszeug als Straßenmusiker von der Pieke auf gelernt. Sie wissen auch, daß sich mit Merchandising ganz gut verdienen läßt.« Und sie können mit dem Thema Geld auch mit einer gehörigen Portion Humor umgehen. Auf die Frage von ›Bravo‹, ob er einen Glücksbringer trage, meinte Paddy im Mai 1994: »Eines meiner Lieblingsstücke ist eine Kette aus grünem Stein, ein anderes ein ›Geldscheißer‹, ein kleines Silbermännchen, dem ein Geldstück aus dem Hintern kommt.«

Ähnlich wie für die Haushaltsführung auf dem Boot oder die Jobs während einer Tournee sind auch die Aufgaben der einzelnen Kellys innerhalb des florierenden Familienunternehmens klar verteilt. Paddy zum Beispiel kümmert sich um Einkauf und Absatz von Kelly-T-Shirts, -Postern und Tourprogrammen. Jimmy und John organisieren die Konzerte. Technik-Freak Joey sieht im Fahrzeugpark nach dem Rechten und steuert den mit seinen rund 30 Jahren inzwischen auch nicht mehr ganz taufrischen Doppeldecker-Bus der Familie. Barby schneidert die Bühnenkleidung der Band. Und so weiter. Der Haken an der Sache: Zwischen Konzerten, dem nötigsten Pensum an Schlaf und dem Erledigen der zugeteilten Aufgaben bleibt meist nicht viel Zeit für Privates. »Ich bin der Tourmanager und organisiere unsere Konzerte«, bedauerte Jimmy im Interview mit ›Bravo‹ am 5. Januar 1995, »da habe ich für Mädchen keine Zeit – leider!«

Knöcheltief waten die Stars während ihrer Konzerte in Plüschtieren, die ihnen die Fans auf die Bühne werfen.

Die Kellys auf Btx

Auch wenn's auf den ersten Blick nicht recht zum Blumenkinder-Image der Kelly Family passen will: Die Wahlkölner sind neuen Kommunikationstechniken gegenüber durchaus aufgeschlossen, wenn es darum geht, ihre Musik noch populärer zu machen oder ihre Fans mit Infos über die Aktivitäten und Pläne der Band auf dem laufenden zu halten. So können sich Computer-Freaks mit Btx-Anschluß (inzwischen Datex-J genannt) seit Herbst 1994 via Bildschirmtext darüber informieren, wo die Kellys in naher Zukunft auftreten wollen und was es sonst an aktuellen News über die Großfamilie zu erfahren gibt. Wie man an die Mailbox der Kelly Family rankommt? Ganz einfach: KELLY# heißt die Datex-J-Adresse für Fans von Paddy, Angelo, Kathy, Maite, Barby, Jimmy, Joey, John und Patricia.

Ein Herz für andere

Daß die Kellys bei allem Erfolg nach wie vor das Herz auf dem rechten Fleck haben, bewiesen sie im Februar 1995. Damals traten die Fan-Lieblinge im Kölner »Gloria« auf, um mit ihren Songs Spenden für die Aids-Hilfe einzuspielen. Der Auftritt der Star-Sippe blieb bis zuletzt ein Geheimnis für die 600 geladenen Gäste der schrillen Gala, an der auch die Berliner Pop-Band Rainbirds und reichlich Prominenz aus der Showbranche teilnahmen. Schließlich schnappte sich Moderator und TV-Witzbold Jörg Knör das Mikrofon und kündigte lautstark eine gewisse »Familie Schneider aus Köln-Sülz« an – entsprechend groß war die Überraschung, als unter diesem Pseudonym die Kellys auf die Bühne stürmten. Mehr als

30 Minuten lang zogen sie eine Show ab, glänzten mit eigenen Songs und dem Beatles-Klassiker »Let It Be«. Bis als Höhepunkt ihrer Einlage die vier Kelly-Mädchen mit einem Bettuch auf Sammeltour durch den Saal gingen – während oben auf der Bühne Johnny Kelly grinsend meinte: »Im Sammeln haben wir Übung. Schließlich waren wir jahrelang Straßenmusiker vor dem Kölner Dom.« Das Resultat der Benefizaktion konnte sich sehen lassen: Stolze 20000 Mark kamen im Lauf der Party zusammen.

Auch für Kinder im ehemaligen Jugoslawien bewiesen die Kelly Kids ein Herz. Als 1994 der Deutsche Turnerbund einen Sampler (die CD »Feel The Spirit«) veröffentlichte, um mit den Erlösen aus dem Verkauf der Platte ein SOS-Kinderdorf in Sarajewo zu unterstützen und damit einigen Kindern in der arg gebeutelten Stadt das Leben ein bißchen leichter zu machen, stellte die Kelly Family ebenfalls einen Titel zur Verfügung.

›Bravo‹ hilft nach Kräften

Für den Durchbruch der Kelly Family sind vor allem zwei Umstände vor allen anderen verantwortlich. Zum einen die ständige Live-Präsenz von Paddy, Angelo, Kathy, Maite, Barby, Jimmy, Joey, John und Patricia durch die zahllose Straßen-, Zelt- oder Hallenkonzerte. Zum anderen die Unterstützung der Familie durch Deutschlands auflagenstärkstes Jugendmagazin ›Bravo‹. »Als ich meine Pressearbeit für die Kelly Family vor zwei Jahren aufnahm, haben mich anfangs viele belächelt«, erinnerte sich Hans Derer einmal. »Kaum jemand glaubte, daß die Kellys es schaffen würden. ›Bravo‹ hat als erste Zeitschrift eine größere Story gebracht. Und das erzielte bei der Leserschaft eine unglaubliche Reaktion. Also brachte ›Bravo‹ noch eine Geschichte und dann noch eine.«

Das Magazin ›Der Spiegel‹ machte sich einmal die Mühe nachzuzählen, wie viele Artikel innerhalb von eineinhalb Jahren in ›Bravo‹ über die Kellys erschienen waren. Das Ergebnis: 37 Stories hatten Platz gefunden in Deutschlands größter Jugendzeitschrift. Und so wurden die Kinder von Dan Kelly zu Teenageridolen, zu Vorbildern einer ganzen Generation, zu einer Art Reinkarnation der alten Hippieideale. An den Trubel um ihre Auftritte, an die schier endlosen Schlangen vor den Kassenhäuschen, an das »Problem« mehrerer ausverkaufter Konzerte hintereinander, an bewußtlos dahinsinkende Mädchen dürften sich die Kelly Kids mittlerweile wohl fast gewöhnt haben. Nur manchmal noch dürften sie stutzen, wenn sie von der Bühne herunter ins Gewimmel der kreischenden Zuschauer blicken. Gelegentlich nämlich tauchten vor einigen Monaten im Durcheinander der hochgestreckten Arme, Teddybären und Schals auch Transparente auf, auf denen mit zittriger Jungmädchenschrift gekrakelt stand: »Paddy, bitte f... mich.« Auch dafür soll ein Artikel in ›Bravo‹ verantwortlich sein. Dort stand, Publikumsliebling Paddy habe bisher seine Unschuld noch nicht verloren ...

Die Kellys wissen, daß sie ›Bravo‹ einiges zu verdanken haben. Wahrscheinlich hätten sie auch ohne die Unterstützung dieser Legende unter den Jugendzeitschriften ihren Platz im Musikbusineß gefunden – aber sicherlich nicht so schnell. Die Kelly Family revanchierte sich immer wieder gerne für die tatkräftige Karrierehilfe der Jugendzeitschrift ›Bravo‹. 1994 zum Beispiel standen Paddy & Co. dem Fotografen des Magazins in weihnachtlichen Kostümen Modell – und die Stimmung während der Foto-Session soll ausgelassen fröhlich gewesen sein. »›Vom Himmel hoch, da komm ich her‹, sangen die Kellys lautstark, als sie im ›Bravo‹-Fotostudio für die Weihnachts-Session posierten«, berichtete die Zeitschrift später. »Und die mollige Maite flötete: ›Ich wollte schon immer mal ein schwereloser Engel sein.‹«

Und Mitte November 1993 konnten die Fans am ›Bravo‹-Telefon eine Woche lang ihren Idolen lauschen: Die Kellys begrüßten Anrufer vom Band, plauderten ein bißchen aus dem Nähkästchen und sangen eines ihrer Lieder a cappella. Im Jahr darauf stifteten sie den Lesern des Magazins als Weihnachts-Gimmicks eine handsignierte Akustikgitarre, einen Notenständer und einen Hut von Publikumsliebling Paddy.

Die Kellys und die Medien

Der überwiegende Rest der Medien tut sich mit der Kelly Family seit jeher schwer. »Über die Kelly Family zu schreiben, ist nicht ganz einfach«, gab der Journalist Steffen Rüth einmal in einem größeren Porträt des Clans im Stadtmagazin ›Marabo‹ zu. »Vorsicht ist geboten«, begründete er, »denn zwei Dinge können leicht passieren, falls die Familie den Text zu Gesicht bekommt. Erste Möglichkeit: Man verdammt die Kelly Family in Grund und Boden. Dann darf sich der Schreiber auf eine etwa fünfstellige Anzahl von Leserbriefen freuen, die ihm im günstigsten Fall die Pest an den Hals wünschen. Zweite Möglichkeit: Man bewundert die Kellys und findet sie ganz toll. Dann kann es gut sein, daß die versammelte Sippe plötzlich in der ›Marabo‹-Redaktion aufkreuzt und ein Spontankonzert gibt. Denn das, so ist bereits beobachtet worden, tun sie, wenn ihnen ein Artikel besonders gut gefällt.«

Tatsächlich scheint es zwischen Lieben und Hassen nicht viel an Gefühlen zu geben, was vor allem die schreibende Zunft der Musikerfamilie gegenüber entwickeln kann. Mit den meisten Journalisten und ihrem Umgang mit den Kellys scheint aber auch Familienoberhaupt Dan nicht allzuviel anfangen zu können. »Es ärgert mich ganz einfach, daß viele Medien nur über Erfolg und Verkaufszahlen schreiben, aber nicht das Wesentliche: den Inhalt«, beklagte er sich einmal. »Musik ist doch das Wichtigste, nicht der Erfolg. Musik ist schließlich nichts anderes als in Klänge gefaßte Emotion.«

Dem österreichischen Nachrichtenmagazin ›news‹ schüttete Kathy 1995 ihr Herz aus. »Man hat uns in die Kitschecke gedrängt. Das tat weh, denn wir sind hart arbeitende Musiker. Jetzt können uns mehr Leute sehen und verstehen.« Und sie fügte hinzu: »Wir leiden darunter, daß wir manchmal mehr als Familie denn als Musiker gesehen werden. Sicher, wir sind keine Virtuosen, aber unser Publikum hat Spaß. Und unseren kleinen Geschwister werden wahrscheinlich einmal sehr große Musiker werden.«

Auch gegen die Unterstellung, die Kellys seien nur deshalb erfolgreich, weil sich die jeweils jüngsten Familienmitglieder mit piepsiger Kinderstimme in die Herzen aller rührselig veranlagten Musikfans schummeln, setzt sich die Familie energisch zur Wehr. Johnny: »Ich würde die hohe Stimme nicht als Aushängeschild sehen. Wir haben acht hervorragende Solostimmen, und jeder einzelne hat eine Superstimme. Paddy hat sich so toll entwickelt. Er hat während des Stimmbruchs weitergesungen. Klar und gut und wußte Techniken einzusetzen. Jetzt hat er fast seinen Stimmbruch abgeschlossen, aber niemand hat es mitbekommen, weil er gut ist. Angelo wird auch eine gute Stimme bekommen, das hört man schon heute. Und wenn er für eine Zeit nicht singen kann, dann springt einer von uns ein.«

Angelo, zur Zeit neben Paddy der Star der Familien-Band, scheint die »Bürde« seiner ungeheuren Popularität jedenfalls gelassen zu tragen. »Mich bringt so schnell nichts aus der Fassung«, meinte er nur lapidar, als ihn die Zeitschrift ›Praline‹ darauf ansprach, wie er den großen Erfolg in so jungen Jahren verdauen würde. Und jedes Konzert gibt ihm recht: Paddy, Angelo, Kathy, Maite, Barby, Jimmy, Joey, John und Patricia auf der Bühne – das ist pure, ungetrübte und ungekünstelte Spielfreude. »Ihr habt Bremer Stadtmusikanten«, rief Paddy den Fans in der Hansestadt fröhlich durchs Mikrofon zu, »wir sind irische Stadtmusikanten.«

Als sie noch gemeinsam mit ihrem Vater auftraten, war das Repertoire mehr von Folkloresongs geprägt.

Eine Schlägerei

So fröhlich geht es natürlich rund um die Konzerte der Kellys nicht immer zu. Und manchmal haben Dan und seine Kinder reichlich Grund, sich über Presseberichte nach unliebsamen Zwischenfällen zu ärgern. Wie zum Beispiel nach einer unangenehmen Episode im ostfriesischen Leer. Dort wurden Joey und Jimmy in eine Prügelei verwickelt – hinterher kursierten in den Medien recht unterschiedliche Versionen des Vorfalls. Version eins stand am 28. September 1994 in der Hamburger Ausgabe der ›Bild‹-Zeitung: »Drei Fans stehen nach dem Gratiskonzert in der Bar »Allerlei«. Sie quatschen Joey (21) und Jimmy Kelly (23) an: ›Hey! Duftes Konzert‹. Mißverständnisse. Die Kelly-Brüder sind sauer. Fäuste wirbeln durch die Luft. Kelly-Fan Sascha Blau (17) muß mit Notarztwagen ins Krankenhaus.«

Sicher schien zunächst nur: Alle drei Ostfriesen mußten nach der Schlägerei ambulant im Krankenhaus behandelt werden, während Joey und Jimmy ohne größere Macken davonkamen. Polizei und Presse mußten sich allerdings durch ein Gestrüpp sich widersprechender Aussagen arbeiten. Die drei »Opfer« selbst erzählten, sie hätten die beiden Kelly-Brüder nach dem Konzert in einer Kneipe getroffen, hätten die beiden für ihren Auftritt gelobt und seien anschließend auf Anregung der Kellys gemeinsam zum Hafen spaziert. Auf dem Weg dorthin seien, so erzählte das Trio, Joey und Jimmy grundlos auf sie losgegangen und hätten sie verprügelt.

Die beiden Kellys gaben zu der Angelegenheit zunächst keinen Kommentar ab und schalteten unverzüglich ihren Rechtsanwalt ein. Ein Zeuge wollte allerdings beobachtet haben, daß die drei Ostfriesen Joey und

Jimmy nach dem Konzert auf dem Leerer Ernst-Reuter-Platz provoziert und schließlich in eine Schlägerei verwickelt hätten. Erste Einschätzung der Polizei: »Eine ganz normale Wirtshausschlägerei«, lautete das Fazit gegenüber der Lokalzeitung. »Die Parteien«, heißt es in dem Bericht der ›Ostfriesen-Zeitung‹ vom 27. September 1994 weiter, »hätten sich ›hochgeschaukelt‹. Die Polizei geht davon aus, daß die Kelly-Kinder von der Gruppe provoziert wurden. Etwas anderes sei unwahrscheinlich.«

Später schilderte Jimmy im Interview mit ›Bravo‹ aus seiner Sicht, wie es zu dem Zwischenfall kam: »Bei einem Konzert in Leer haben uns einige Typen mit Eiern beworfen und dabei ein behindertes Mädchen vor der Bühne getroffen. Sie war total geschockt und fing an zu weinen. Darauf haben wir den Jungs gesagt, sie sollen damit aufhören und verschwinden.«

Ihr größter Trumpf: Konzerte

Zurück zu den Kellys und ihr Verhältnis zu den Medien: Für Journalisten gilt oft dasselbe wie für die Fans der Familie: Den größten Eindruck hinterlassen Live-Auftritte der Kelly Family. Nach zwei Konzerten zum Beispiel, die Paddy, Angelo, Kathy, Maite, Barby, Jimmy, Joey, John und Patricia Anfang 1994 vor insgesamt 14 000 Fans in der Essener Grugahalle gaben, war Günther Kern, Chefredakteur des Musikmagazins ›Hit!‹, ganz aus dem Häuschen. »Die sind wirklich alle top«, schwärmte er hinterher. »Für mich selbst war es das erste Mal, daß ich die Kelly Family live gesehen habe. Und ich war beeindruckt. Die Kellys live – das ist ein absolutes Erlebnis. Aufpassen, wenn sie in eurer Nähe auftreten. Da müßt ihr hin!«

»Die Wangen rot, die taillenlangen Haare flattern in der Abendsonne, Zopf-Pullover, Blumenmuster, Stirnband, Gitarre – neun junge Leute, die leuchten vor Lebensfreude, mit derben Schuhen im grünen Gras. Da werden Träume wahr von Love und Peace und Irish Moos.« Daß das kritische Hamburger Nachrichtenmagazin ›Der Spiegel‹, aus dessen Ausgabe vom 30. Januar 1995 dieses Zitat stammt, sich nicht gerade als glühender

Lohn der Mühe: 1994 wurde den Kellys unter anderem ein ›Goldener Löwe‹ verliehen.

Verehrer der Kelly Family entpuppen würde, war kaum anders zu erwarten. Immerhin: Nach einigen hingefrotzelten Bemerkungen über das Blumenkinder-Image der Kelly Kids gestand die renommierte Zeitschrift der Familien-Band zu: »Was die Popfamilie derart furios vermarktet – nette Menschen singen nette Lieder, und wo man so singt, da laß dich ruhig nieder –, leben die Stars in der Wirklichkeit vor.« Und noch ein dickes Lob fand sich in dem zweiseitigen Porträt: »Die Familie«, stand da, »hat das Unmögliche geschafft: sich vom kommerziellen Musikbetrieb fernzuhalten und dennoch ein Millionengeschäft zu machen.«

Strikte Kontrolle

Minuspunkte sammelten die Kellys bei den Medien in den vergangenen Jahren besonders, weil sich Vater Dan Kelly mehrfach recht wählerisch zeigte, wenn es darum ging, sein Okay zu einer Interviewanfrage zu geben. Von einem etwas skurrilen Fall berichtete das Berliner Stadtmagazin ›tip‹ im Frühjahr 1995: »Ein Journalist einer großen, kostenlosen Fernsehzeitung zum Beispiel wurde, wie man hört, erst von Observati Dan über sein unchristlich-kinderloses Eheleben verhört, um schließlich doch kein Interview zu bekommen.«

Von Anfang an hatten Dan Kelly und seine Familie rund um ihre Musikerkarriere alles selbst in die Hand genommen. Das bedeutete unter anderem aber auch, daß die Familie schon bald versuchte, auch ihr Erscheinungsbild in den Medien möglichst weit unter Kontrolle zu haben – ein Ziel, das sie bei vielen Journalisten und Fotografen natürlich nicht übertrieben beliebt machte. So beklagte sich im Dezember 1994 zum Beispiel auch das in Minden erscheinende »Tagblatt«, die Kellys und ihre

Gruppenbild ohne Johnny (v.l.n.r.): Paddy, Patricia, Angelo, Maite, Kathy, Joey, Barby und Jimmy.

Sicherheitsleute hätten während ihres zweitägigen Gastspiels in der westfälischen Stadt »Journalisten mit Fotografiereinschränkungen die Berichterstattung erschwert«.

Anja Schulz dagegen, Redakteurin beim Fernsehsender RTL 2, kann nichts Nachteiliges über die Kellys sagen. Sie hatte mit der Familie unter anderem durch den Mitschnitt einer »Super-›Bravo‹-Show« zu tun. »Die Kellys sind sehr umgänglich und ausgeglichen, da ist keine Hektik, die erledigen das alles ganz professionell.« Sind die Kellys wirklich so spontan, wie es immer den Eindruck hat? »Die sind einfach so drauf. Sie machen ihre

Haare selber und tragen nur ganz wenig Make-up. Auch beim Bühnenwechsel waren die Kellys erstaunlich leise, wir haben keine Hektik mit denen gehabt.«

Allerdings gibt sie auch zu: »Fotoreporter haben sicher ein anderes Bild von den Kellys, weil die ziemlich handfeste Bodyguards haben.« Mit ihnen machte auch Thomas Schnabel Bekanntschaft, der als freier Mitarbeiter des ›Mindener Tagblatts‹ das erwähnte Dezember-Konzert der Kellys besuchte. Obwohl Schnabel als freier Mitarbeiter für das Konzert angemeldet war, wollten ihm die Ordner erst mal eine Karte verkaufen – »erst nach lan-

Jubel nach dem Auftritt der Family während der »R.SH-Gold«-Verleihung.

gem Hin und Her wurde ich eingelassen«. Und auch dann war der Ärger noch nicht ausgestanden, wie er erzählt: »Mir wurden drei Stellen gezeigt, von denen ich fotografieren durfte, und mehr als insgesamt drei Fotos wurden mir nicht gestattet. Außerdem gab es keinerlei Info-Material, die Kellys waren sehr unkooperativ. Kurz: So etwas habe ich noch nicht erlebt.«

Immerhin durften sich Journalisten gelegentlich über nette Anekdoten freuen, mit denen sie die Auftritte der Kelly Family versorgten. So bewies Kathys kleiner Sohn Sean – benannt nach seinem Urgroßvater Sean O'Kelley – sein Showtalent schon lange, bevor er laufen konnte. Während eines Pop-Festivals mit Prinzen, Pur, East 17 und vielen anderen aktuellen Chartbreakern posierte er auf den Armen von Sänger Haddaway für den Fotografen. Daraus ergaben sich zwei Erinnerungen fürs Leben. Nummer eins: Das Foto mit etwas ängstlich dreinschauendem Baby und lächelndem Haddaway. Nummer zwei: Der Grund dafür, daß Haddaways Lächeln auf dem Bild ein wenig gequält wirkte – Klein-Sean hatte ihm nämlich während des Fototermins aufs feine Hemd gepinkelt.

Und Paddy wechselte für die Zeitschrift ›Bild am Sonntag‹ sogar einmal die Fronten und schlüpfte in die Rolle eines Plattenkritikers: »Endlich mal jemand, der den Mut hat, gegen den Strom zu schwimmen«, lobte er die Stuttgarter Sängerin Silke Besa für ihre Debüt-CD »Stop Talking« und entpuppte sich als engagierter Talentscout. »Silke Besa beeindruckt mit ihren ungewöhnlichen Songs und Texten. Ihre ironische Abrechnung mit den Wichtigtuern und Yuppies in ›Vip‹ rundet das Album ab. Tolle Frau, tolle CD.«

Auch wenn es um Promotion-Aktionen geht, sind die Kellys für fast jeden Spaß zu haben. So hatten sie sich für Herbst 1994 zu einem Besuch bei der Illustrierten ›Praline‹

Die Familie hat eine ausgeprägte Schwäche für dramatisch wirkende Bühnenkulissen.

angekündigt. Und keiner der Redakteure mußte fürchten, die Visite des ›Hit-Clans‹ zu verpassen: Die Kellys stellten sich kurzerhand mit Gitarre und Tamburin im Gang der Redaktions Etage auf und spielten und sangen eines ihrer neuen Lie-der, während unten vor dem Haus der Doppeldecker-Bus stand, mit dem sie gekommen waren. Schon nach ein paar Minuten versammelten sich Redakteure, Grafiker und andere Mitarbeiter als begeistertes Publikum vor der musikalischen Großfamilie. Kommentar der meisten: »Die Kellys könnten von uns aus jede Woche einmal vorbeikommen!«

Die friedlichen Fans der Kellys

Die Fans der Kelly Family sind eine wohltuende Ausnahmeerscheinung im hektischen Konzertgeschäft. Gut gelaunt und voller Vorfreude versammeln sie sich schon Stunden vor den Auftritten ihrer Lieblinge an den Eingängen der Konzerthallen oder -arenen. Und auf dem Weg zum erhofften Pop-Happening lassen sich die meisten durch nichts aus der Ruhe bringen. Als die Kelly Family zum Beispiel in Herne ein Zirkuszelt aufstellen ließ und dort einige Konzerte gab, trafen einige Fans im Bus auf Andersgesinnte. Die einzige »Auseinandersetzung«: Die Kelly-Fans skandierten ihren Schlachtruf »Kellys! Kellys« – die Kelly-Gegner kommentierten die Begeisterung mit einem abfälligen »Scheiß-Kellys«. Der Stimmung der Fans tat das keinen Abbruch. Und auch, als sie es später vor dem Zelteingang mit einigen besonders ruppigen Ordnern zu tun bekamen, ließen sich die erwartungsfrohen Teenager nicht provozieren und warteten geduldig darauf, daß endlich die Zeltplanen zurückgeschlagen würden.

In Wismar zum Beispiel, einer Kleinstadt in Mecklenburg-Vorpommern, verzögerte sich im Sommer 1994 der Konzertbeginn auf dem Marktplatz, weil die Musiker mit dem Aufbau der Anlage und der Bühne nicht so vorankamen, wie das geplant gewesen war. Doch niemand murrte. Statt dessen machten es sich viele der wartenden Zuschauer auf den Stühlen bequem, die sie vorsorglich mitgebracht hatten.

Ebenfalls in Wismar mit von der Partie: Die Mädchen Christin, Daniela, Maja, Nadine und Nicole aus Wolfenbüttel. Die fünf jungen Frauen, so erzählten sie einer Reporterin strahlend, reisten seit zwei Jahren den Kellys

Fans über ihre Kelly Family

Nicole Scheffler, 16 Jahre, aus Dormagen:

»Ich war schon auf fünf Kelly-Konzerten. Die Musik ist nicht so technomäßig, sondern so mehr entspannend. Die Jungs sind süß, John ist der Süßeste, der ist mehr so ausgeflippt. In den Ferien will ich mit meiner Freundin wieder viele Kelly-Konzerte besuchen. Es ist ein schönes Gefühl, live dabei zu sein.« Im Gespräch gibt sie zu: »Man ist da so in einer Sucht drin.« Und zu bemängeln hat sie an den Kellys nur, daß man nach den Konzerten ihrer Erfahrung nach nicht leicht an sie rankommt: »Die hauen danach immer gleich ab.«

Bianca Borowiak, 14 Jahre, aus Bottrop:

»Ich habe schon mehr als zehn Konzerte in Dortmund, Köln und Bochum besucht. Meine Freundin hat mich vor zwei Jahren zu einem Straßenkonzert in Bottrop mitgenommen. Angelo, Patricia und John können gut singen und sehen gut aus. Ich höre nur noch Musik von den Kellys, ›The Rose‹ ist mein Lieblingsstück.« Und noch etwas fasziniert sie ganz besonders: »Ich find' das einfach toll, wie die auf dem Hausboot leben.«

Svenja Räther, 19 Jahre, aus Vörden:

»Früher fand ich die Kellys mit ihren Klamotten und den langen Haaren total blöde, aber meine Freundin fand sie total gut. Im Oktober letzten Jahres saß ich mit ihr im Imbiß, und da lief ›An Angel‹. Seitdem bin ich Fan, und auch die Klamotten und die langen Haare gefallen mir. Die Lieder kommen gut rüber. Paddy sieht echt toll aus, Angelo ist auch niedlich.« Svenja sammelt eifrig Material über ihre Lieblinge: »Ich hab' schon einen ganzen Ordner voll.« Und daß sie dabei immer wieder auf Berichte über das Leben auf dem Schiff stößt, fasziniert sie ebenfalls: »Ich find' das echt toll, wie die so auf dem Hausboot leben. Das will ich später auch mal machen.«

Diana Pyka, 15 Jahre, aus Dormagen:

»Ich war schon auf neun Konzerten. Und mit meinen 13 Brieffreundinnen tausche ich mich regelmäßig über die Kellys aus.«

Denise Rehfeldt, 14 Jahre, aus Berlin:

»Leider waren's bisher erst zwei« Konzerte, die sie gemeinsam mit ihren vier Freundinnen besucht hat. »Ick mag vor allem die langen Haare und die Konzerte und wie die so zusammenleben. Also, so auf einem Hausboot leben könnt' ich nicht mit meinen Geschwistern. Johnny ist mein Lieblings-Kelly, ich mag lieber Schüchterne. Und wenn Paddy ›When The Last Tree ...‹ singt, dann krieg' ick immer Gänsehaut.«

Nina Marie Lieke, 12 Jahre, aus Karlsfeld

Ich finde es toll, daß die Kellys trotz ihres Erfolges noch nicht abgehoben sind und als Familie immer zusammenhalten. Wenn ich Angelos Stimme höre, fange ich immer an zu weinen.

zu allen Konzerten hinterher, für die sie sich Zeit nehmen konnten. Daniela schwärmte: »Die Atmosphäre bei den Kellys ist einfach einmalig – irgendwie familiär.«

Die fünf Getreuen sind beileibe keine Ausnahme. In der ›Bunten‹ vom 1. März 1995 schilderte die 15jährige Olivia, wie sie am liebsten ihre Wochenenden verbringt: »Freitags nach der Schule holt uns ein Bus ab, und dann fahren wir zu den Kellys, wo immer sie gerade spielen. Sonntag nachts kommen wir wieder heim. Unter der Woche herrscht die totale Langeweile.« Oder Rosie, die in der Wochenzeitung ›Die Zeit‹ am 24. Februar 1995 zitiert wurde: »Ich begleite sie schon seit den 70er Jahren – und die verstehen sich immer noch so gut wie damals.«

Mit Transparenten feiern die Fans ihren Liebling Paddy während eines Berliner Konzerts.

Kathy hat ein Faible für spanische Folklore und streicht als Co-Produzentin der Platten gelegentlich den südeuropäischen Einfluß der Kelly-Songs heraus.

Steckbrief

Name: Kathy (Kathleen Anne)

Geburtstag und -ort: 6.3.1963 in Leominster/Massachussetts, USA

Haarfarbe: Dunkelbraun

Augenfarbe: Blau

Instrumente: Geige, Gitarre, Akkordeon, Banjo, Klavier

Hobbies: Reiten, Essen

Inzwischen hat auch Kathys Sohn Sean seine ersten Bühnenerfahrungen gesammelt.

Vater Dan Kelly – strenger Patriarch oder gütige Vaterfigur?

Romantik und Rockpower – Konzerte waren schon immer der größte Trumpf der Kelly Family.

Die Kellys zu Gast bei der „ZDF-Hitparade" (v.l.n.r.): Jimmy, Patricia, Barby, Maite, Paddy, Angelo, Kathy, Johnny und Joey.

Die Philosophie der Kellys: „Wir wollen mit ehrlicher Musik überzeugen und nicht mit aufgesetztem Image.“

Rechte Seite:
Oben: Der Durchbruch ist geschafft! Die Kelly Family 1994 in Berlin.

Unten: 1929 lief das Hausboot der Kelly Family vom Stapel. Heute liegt es in der Nähe von Köln am Rheinufer vor Anker.

SEAN
O'KELLEY

PADDY

Der Reiz der Familie

»Ich fühle mich als Einzelkind ganz wohl, aber so eine Familie hätte ich auch gerne«, brachte es ein Fan auf den Punkt, was viele an der Kelly Family fasziniert. Das deckt sich weitgehend mit dem Erklärungsversuch eines Psychologen, wie er im Frühjahr 1995 in der Frauenzeitschrift ›Für Sie‹ zu lesen war: »Der Erfolg der Kellys zeigt aber auch, daß unsere Kinder ein Defizit haben. Ein Defizit vielleicht auch an Liebe. Sie saugen die heile Welt, die aus dieser Musik strömt, begierig auf – so als würden sie in ihrem Leben diese heile Welt mitsamt ihrem zur Schau gestellten Zusammenhalt einer Großfamilie vermissen.« Patricia mag es ein bißchen einfacher: »Wir strahlen Energie aus. Ich glaube, das gefällt den Leuten. Außerdem versuchen wir, immer etwas Neues zu bringen.«

Warum auch immer: Die Fans wissen, was sie an ihren Kellys haben. Nach jedem Konzert geben die Geschwister schier unermüdlich Autogramme, und als nach einem Auftritt auf dem Bremer Domhof 1994 zwei Mädchen völlig aufgelöst Kathy um Hilfe baten, weil sie ihren Geldbeutel verloren hatten und nun nicht wußten, wie sie jetzt nach Hause kommen sollten, gab sie noch etwas mehr. Erst fragte sie die Umstehenden, ob nicht jemand das Geld gefunden habe – und schließlich drückte sie den verzweifelten Mädchen 120 Mark für die Heimfahrt in die Hand.

Eine kleine Revanche für die vielen Geschenke, die ihnen die Fans während der Konzerte kreischend auf die Bühne schleudern. Glücksbändchen zum Beispiel, die Paddy dann wiederum für seine Auftritte seitlich an seine Hose knüpft. Und dann sind da natürlich noch die Geschenke im weniger greifbaren Sinn. »Wenn du da oben stehst«, versuchte Johnny im Dezember 1994 seine Eindrücke gegenüber den ›Bremer Nachrichten‹ in Worte zu fassen, »und alle singen mit, das ist so ein herrliches Gefühl, unbeschreiblich. Da kriegst du Gänsehaut von.«

Die Kellys sind ohnehin voll des Lobes über ihre Fans. Und das zu Recht. »Die Fans auf unseren Konzerten sind wundervoll«, schwärmte Patricia einmal. »Sie singen oft schon vor Beginn des eigentlichen Konzertes, sie schenken uns Blumen und schreiben uns viele Briefe. Unsere Fans sind uns auch total wichtig, egal ob jung oder alt, wir lieben sie alle und sind wahnsinnig stolz auf sie! Unsere Shows muß man erst einmal gesehen haben, um sie beschreiben zu können, und das wissen unsere Fans alle!«

Wer sind die Fans?

›Rheinische Post‹, 1. Dezember 1994: »Nicht nur, daß die meisten Besucher die Texte auswendig mitsingen konnten, es gab auch die auffallende Ähnlichkeit zwischen ihren eigenen und den Frisuren der Kellys.« Und weiter: »... wirkten trotz ihrer Professionalität natürlich und vertraut. Das mag sicherlich an ihren trachtenähnlichen Kostümen und den langen gepflegten Haaren liegen, was die Vorstellung einer anderen Zeit und einer anderen Kultur verstärkt. Andererseits verkörpern sie die perfekte harmonische glückliche Familie. Ein seltenes Ideal in der heutigen Zeit.« In Herne war der Berichterstatter der örtlichen Ausgabe der ›Westdeutschen Allgemeinen Zeitung‹ nicht weniger erstaunt, als er in die Runde blickte: »Kaum öffnete das Zirkuszelt seine Planen, halfen auch die ermahnenden ›Langsam‹-Rufe der Sicherheits-kräfte nichts mehr. Während sich der Strom unerschöpflich ins Zelt ergießt, nehmen die Gesetzteren auf den Holzbänken

»Wir haben aus den Erfahrungen der Vergangenheit gelernt, sind mehr als eine Band, wir sind eine Familie.«

Platz: Viele Mütter, weniger Väter mit Kelly-begeisterten Kindern oder auch ohne, sogar ein Herr mit ergrauter Haarpracht wird gesichtet.«

Immer wieder hatten Beobachter der Kelly-Konzerte Schwierigkeiten, die Fans in irgendein Schema einzupassen. Zu unterschiedlich war das Publikum. »Irgendwie«, urteilte das Stadtmagazin ›Marabo‹ im April 1995, »irgendwie ist jeder ein potentieller Kelly-Gucker und -Käufer. Auffallend viele Familien sind da, also eine eher untypische Konzert-Klientel. Mädels im Zahnspangenalter natürlich, von denen pro Konzert Dutzende ohnmächtig werden, aber auch Jungs sind da, Babys, Omas.

»Für die Kellys«, da sind sich viele Fans sicher, »lohnt sich das längste Warten!«

Bei Shows mit der Kelly Family hat man zuweilen den Eindruck, als sei die gesamte Population einer Kleinstadt aus ihren Häusern gelockt und in der Halle zusammengekarrt worden.« Das beschreibt auch Paddy so: »Bei unseren Konzerten siehst du Kleinkinder, Teenager, Punks, tätowierte Hardrocker, aber auch 'ne Menge älterer Leute.«

Nur in einem sind sie sich alle gleich: In ihrer schier unglaublichen Begeisterung für die Kellys. »Unsere Fans reisen manchmal schon einen Tag vorher an«, wunderte sich Maite im Interview mit ›Bravo‹, »und schlagen ihre Schlafsäcke neben unserem Bus auf.« Und auch Pressebetreuer Hans Derer, nach beruflichen Erfahrungen unter anderem mit Depeche Mode nicht gerade ein Neuling in der Branche, rang nach Worten: »Ich habe einiges erlebt. Aber was bei den Kellys abläuft, ist konkurrenzlos.« Da geht's ihm wie einem der Ordner, die während der Family-Tour 1994 an der Bühnenabschrankung standen: »Am schlimmsten war's in Hannover. Da mußten wir über 250 Mädchen aus der Menge ziehen. Solche Szenen gibt's nur noch bei Take That!« Und auch er konnte sich der Faszination der Kellys nicht ganz entziehen: »Die Kellys sind einfach nett, natürlich und nicht so abgehoben wie andere Bands.«

In Trier mußte Paddy 1994 erfahren, daß Popularität auch ganz schön anstrengend sein kann. Vor einem ihrer Oktober-Konzerte auf dem dortigen Stockplatz lief er zwei eingefleischten Kelly-Fans über den Weg, die ihren Star daraufhin nicht mehr aus dem Auge ließen. »Wir verfolgten ihn quer durch die Stadt«, schrieb Fan Anita hinterher an ›Bravo‹. »An einer roten Ampel erwischten wir ihn dann und baten ihn um ein gemeinsames Foto. Sofort war er einverstanden, nahm mich in den Arm, und meine Freundin drückte auf den Auslöser.« Später, als der

Rummel um die Erfolge der Family noch zugenommen hatte, kamen immer wieder Berichte auf, in denen von »flüchtenden« Kelly Kids die Rede war, flankiert von mitrennenden Leibwächtern.

Doch der Tenor der meisten Geschichten, die Fans von ihren Lieblingen zu erzählen wissen, ist: Die Kellys seien trotz aller Erfolge natürlich und unkompliziert gewesen. Allüren? Fehlanzeige. Auch nach einigen gut besuchten Auftritten in Remscheid Ende März 1993 mischten sie sich unters Publikum: »Nach dem Konzert«, berichtete Fan Katharina an ›Bravo‹, »gaben sie bereitwillig Autogramme und unterhielten sich lange und ausführlich mit den Fans.«

Prominente Fans – und ein ehemaliger

Seit ihrem Auftritt beim Winterthurer Hardrock-Festival schwärmt unter anderem Aerosmith-Sänger Steven Tyler für die Familie vom Hausboot. Er befindet sich in guter Gesellschaft: Auch Jon Bon Jovi ist hin und weg von den Kellys, seit er sie einmal live gesehen hatte.

Und neben Jon Bon Jovi schwärmt noch ein zweiter Rockstar aus dem US-Bundesstaat New Jersey für die musikalische Großfamilie mit Wahlheimat Rheinhafen Köln-Mülheim: Bruce Springsteen, genannt »The Boss«, verpflichtete die Kelly Family einmal sogar für ein Privatkonzert.

Einen ihrer bisherigen Fans verlor die Kelly Family dagegen im Oktober 1994. Georg Bea, ein damals 39jähriger Tankstellenpächter aus Travemünde, hatte einen Anruf von einem Tontechniker der Familie erhalten, der bei ihm einen Wohnwagen im Neuwert von rund 25 000 Mark für die laufende Tournee der Kellys ausleihen wollte. Wenig später wetterte er gegenüber einem Reporter des Boulevardblatts ›Bild‹: »Das sind Schweine. Ich hab' sogar noch Rabatt gegeben. 20 Mark pro Tag.«

Der Grund für Beas Aufregung: Erst sei der Wohnwagen nicht rechtzeitig zurückgegeben worden, dann hätten die Kellys auch einen zweiten, zwischen Georg Bea und Kathy Kelly telefonisch vereinbarten Termin nicht eingehalten. Das dicke Ende, wie es Georg Bea der ›Bild‹-Zeitung beschrieb: »Der Anhänger wurde in Osnabrück sichergestellt, zu mir gebracht. In einem schrecklichen Zustand: Da wurde auf den Boden und in die Schränke uriniert, alles verwüstet.«

Der Rechtsanwalt der Kelly Family, Klaus-Peter Wagner, dazu: »Von den Kellys hat niemand in dem

Großes Finale: »Danke, Fans!«

»Ich bin ein sehr romantischer Typ«: John.

Wohnwagen geschlafen. Wenn Schaden entstanden ist, wird er natürlich bezahlt.«

Die Arche Kelly

»Ein Hausboot«, sagte Patricia einmal, »bedeutet für uns ein Stück Freiheit.« Seit 1988 leben die Kellys auf einem geräumigen, 34 Meter langen und sechs Meter breiten Hausboot. Familienoberhaupt Dan hatte den alten Kahn Jahre zuvor in Amsterdam aufgespürt und sich sofort in den Kasten verliebt. Vom Stapel lief das betagte Ungetüm 1929 und in seiner recht langen Geschichte transportierte es unter anderem Kohle zwischen England und dem europäischen Kontinent. 14 kleine Kajüten hat das Schiff, ein komplett eingerichtetes 24-Spur-Studio – und auf dem freien obersten Deck reichlich Platz für so unangenehme Arbeiten wie Wäschewaschen.

»Die Hochwasser-Katastrophe hat gerade in Köln viele Menschen kalt erwischt«, meinte Paddy im Februar 1995 im ›Bravo‹-Interview. »Wenn das so weitergeht, werden wohl noch mehr Familien darüber nachdenken, künftig wie wir in einem Hausboot zu leben.«

Inzwischen liegt der Kahn – er wurde auf den Namen von Großvater Sean O'Kelley getauft – seit Jahren in der Nähe von Köln-Mülheim vor Anker. Nebenan wohnt Kathy, ihr Mann Vincent und der gemeinsame Sohn Sean auf einem kleinen eigenen Boot.

Als die Schiffe durch die schnell wachsende Popularität der Familien-Band schließlich zu einem wahren Pilgerziel für viele Fans wurde, ließ Vater Dan Kelly einen Riegel vorschieben – genauer: Er gab den Bau einer zwei Meter hohen Mauer in Auftrag, die das Boot vor den Blicken der Schlange stehenden Fans schützt. Der Kölner Fotograf Thomas Brill, der den »Tatort« Ende Mai 1995 besuchte: »Die Fans kommen mittags direkt von der Schule hierher und bleiben bis abends um zehn. Die meisten von ihnen kommen jeden Tag wieder. Wenn die Kellys zu ihrem Boot zurückkehren, fahren sie mit dem Bus durchs Tor – und das schließt sich hinter ihnen sofort wieder. Außerdem sind ständig drei bis vier Bodyguards in der Gegend, die in einem Wohnwagen hausen.«

Ärger um eine Mauer

Die Fans jedenfalls zeigten sich enttäuscht und gaben der Tageszeitung ›Westfälischer Anzeiger‹ Ende Mai 1995 wütende Interviews. »Dan, der Vater von den Kellys, will nicht, daß seine Jungs mit uns reden«, schimpfte zum Beispiel die 13jährige Düsseldorferin Nadine. Doch auch die Kelly Family selbst handelte sich mit dem unansehnlichen Schutzwall einigen Ärger ein: »Das ist in jeder Hinsicht illegal gebaut worden«, stellte Baudezernent Blume fest. Deshalb wurden wenig später die Bauarbeiten versiegelt und – ein Bußgeldverfahren gegen Dan Kelly und seine Kinder eingeleitet. Der stellvertretende Amtsleiter des zuständigen Bauaufsichtsamtes, Bontenbroich, meinte auf telefonische Anfrage: »Es gibt eben Leute, die halten sich nicht an die Spielregeln ... Ich dachte eigentlich, die Zeiten des Mauerbaus sind zu Ende.«

Fotograf Thomas Brill: »Die Fans kommen mittags direkt von der Schule hierher und bleiben bis abends um zehn.«

Durch den Bau der ungenehmigten Mauer aufgeschreckt, bohrte die Kölner Stadtverwaltung noch ein wenig – und fand etwas heraus, was den Kellys ebenfalls noch einige Unannehmlichkeiten bescheren könnte: Bis März 1995, so das Wasser- und Schiffahrtsamt, habe das Kelly-Boot wegen Reparaturarbeiten in einer Kölner Werft gelegen, damals sei es dann aufs Köln-Mülheimer Werftgelände verlegt worden. »Nun werde ich an den Eigentümer herantreten, und ihn fragen, wie lange er das Boot dort liegen lassen will«, erklärte ein Mitarbeiter des Amtes Ende Mai 1995. Denn, und jetzt wird's etwas kompliziert: Rein rechtlich gesehen sei das Hausboot der Kelly Family, wenn es die Bundeswasserstraßen nicht mehr benutzt, kein Schiff mehr, sondern eine schwimmende Anlage. »Dann«, so der Beamte, »muß der Eigentümer dafür auch ein entsprechendes Nutzungsentgelt entrichten.«

Legen die Kellys nun ab?

Nun haben einige der Fans Angst, daß die Kelly Family den Rummel um ihr Boot satt hat und die Anker lichten mit unbekanntem Ziel, wahrscheinlich im Ausland. »Das Schiff ist ozeantauglich«, hatte Kelly-Pressebetreuer Hans Derer einmal eine entsprechende Reaktion prophezeit. »Eines Tages werden die Kellys wieder ablegen und irgendwohin fahren ...« Auch Patricia hatte so etwas ›Bravo‹ gegenüber 1993 angedeutet: »Wir sind moderne Troubadoure«, sagte sie damals, »und ziehen mit unserer Musik durch die Lande. Wir brauchen diese Freiheit. Deshalb wohnen wir auch auf einem Hausboot, damit wir jederzeit ablegen und woanders hinfahren können.«

Gehöriges Aufsehen – allerdings im positiveren Sinn – erregten die Kellys im Sommer 1994 im Rostocker

Eine zwei Meter hohe Mauer soll die Kelly Family vor Störungen durch Fans schützen.

Die Fans – hier mit Paddy-Autogrammkarte – bleiben ihren Idolen dennoch treu.

Hafen, als sich dort zu den »Rostocker Schiffstagen« rund 70 Schiffe aus 15 Nationen trafen – und mitten im Gewimmel Paddy, Angelo, Kathy, Maite, Barby, Jimmy, Joey, John und Patricia mit ihrem neuen, imposanten Segelschiff »Santa Barbara Anna« anlegten. Die Kellys zeigten sich mächtig stolz. Joey erklärte ›Bravo‹: »Bei unserem Segelschiff werden alle zwölf Segel von Hand hochgezogen. Das ist echte Knochenarbeit. Beim Hissen der großen Segel müssen Jimmy und John mit anpacken. Allein schafft das niemand.« Und Barby freute sich: »Die ›Santa Barbara Anna‹ ist unser Ferienboot, wir werden jeden Monat ein paar Tage auf See verbringen.«

Kein Wunder, daß die Kelly Kids stolz waren auf ihr drittes Schiff: Schließlich hatten sie es erst mit viel Engagement reparieren und renovieren müssen. So schön, wie es letztendlich in den Rostocker Hafen einlief, hatten sie es wirklich zu einem wahren Schmuckstück gemacht.

Vier Konzerte gab die Family an diesem Tag auf einer Bühne in Sichtweite ihres schnittigen, 45 Meter langen Dreimasters – und am Ende, spät in der Nacht, ließen die Kellys noch eine ausgeflippte Party für jene Fans steigen, die auch nach der letzten Zugabe noch nicht nach Hause gewollt hatten. Für die Fans wurde es zum unvergeßlichen Erlebnis: Mit einem tollen Repertoire aus baskischer und irischer Folklore sorgten sie für Stimmung und mischten sich tanzend unter ihre Anhänger. »Ich könnte heulen vor Begeisterung«, schwärmte die 15jährige Anke gegenüber ›Bravo‹-Reporterin Corinne Ullrich. Und ein anderes Mädchen fügte hinzu: »Diese Party war das Schönste, was ich je erlebt habe!«

Auch die Kellys schwärmten von dem Besuch in Rostock. »Wir haben immer davon geträumt, unsere Leidenschaft für Schiffe mit unserer Leidenschaft für Musik zu verbinden«, verriet Johnny im September '94 der

Ganz selbstverloren vor imposanter Kulisse – Patricia läßt sich vor allem von ihren Liebesliedern mitreißen.

›Bravo‹-Reporterin. »Zu den Konzerten an der Küste segeln wir, wann immer möglich, mit unserem neuen Schiff.«

Die Videos der Kelly Family

Die Videos der Kelly Family sind sehenswert. Live-Mitschnitte vermitteln ungewöhnlich viel von der großen Faszination, die Konzerte von Paddy, Angelo, Kathy, Maite, Barby, Jimmy, Joey, John und Patricia ausmacht – und ihre Studio-Produktionen überraschen durch ungewöhnliche Drehorte, durch aufwendige Kostümierung und durch eine witzige Umsetzung der Songthemen.

So wählten die Kellys für den Video-Clip zum sozialkritisch angelegten Stück »Why Why Why« eine sehr bizarre Kulisse. Zwei Tage lang quartierten sie sich samt Kamerateam in der bei St. Goar gelegenen Ruine der Burg Rheinfels ein und setzten die rockige Hymne gegen die Zerstörung von Umwelt und menschlichem Miteinander in farbenprächtigen und – natürlich – unheilbar romantischen Bildern aus dem Mittelalter um. Da kämpft der »gute Ritter« Joey gegen einen maskierten Finsterling (Jimmy mit gehörntem Helm und gebleckten Zähnen ...) und besiegt ihn mit einigen gut gesetzten Schwerthieben. Da erscheint Patricia als Märchenprinzessin in wallendem Gewand und wirkt mit dem überdimensionalen Schwert vor sich wie hingetupft in die nebelverhangene Nacht. Und im Kellergewölbe der Ruine versammelten sich alle neun Kelly Kids für weitere Aufnahmen, von rund 200 brennenden Kerzen und ein paar Dutzend Fackeln in ein gespenstisches Flackerlicht getaucht.

Die ausgefallenen Szenen machten den Kellys offensichtlich einen Heidenspaß. Allerdings mußten sie auch erfahren, daß das Rollenspiel vor laufender Kamera durchaus in harte Arbeit ausarten kann. »Für uns«, gab Joey später im ›Bravo‹-Interview zu, »ist es das allererste Mal, daß wir für ein Video vor der Kamera richtig schauspielern mußten. Uns hat die ganze Sache so viel Spaß gemacht, daß wir in Zukunft öfter unsere Videos mit einer richtigen Handlung darin drehen werden.« Die meiste »Schauspiel«-Erfahrung hatte noch Joey mitgebracht: Er hatte als kleiner Junge in Paris mal für eine Shakespeare-Aufführung auf der Theaterbühne gestanden. Doch auch die anderen machten ihre Sache ordentlich.

Dafür hatten die Kellys auf Burg Rheinfels andere Schwierigkeiten – schließlich stellte sich schnell heraus, daß es die selbst absolvierten Stunts für die Auseinandersetzung der beiden Ritter in sich hatten. Die Kampfszene ging für einen der Beteiligten nur ganz knapp glimpflich ab: Als Joey Jimmy drehbuchgerecht einen Schlag auf den Helm versetzte, dämpfte das Kostüm die Wucht des Treffers wohl nicht ganz. Jimmy in der ›Bravo‹-Ausgabe vom 2. Februar 1995: »Joey hat mir einmal mit seinem Schwert so stark auf den Kopf geschlagen, daß ich zu Boden ging und mir schwarz vor den Augen wurde.« Joeys trockener Kommentar: »Dafür wirkt diese Szene aber auch besonders realistisch!«

Auch die Kerzen sorgten während der Dreharbeiten kurz für Aufregung: Joey, so wurde berichtet, sei für seinen Auftritt im Burgkeller derart wild herumgesprungen, daß er dabei sogar mit seinen langen Haaren kurz Feuer gefangen und sich dadurch einige Strähnen angekokelt habe. Wenn schon nicht in den Haaren, wäre Joey während der Video-Aufnahmen auf Burg Rheinfels ein kleines Feuerchen vermutlich ganz recht gewesen. Bei drei Grad minus Außentemperatur …

Um den Megahit »An Angel« ins Bild zu setzen, hatten sie zuvor einen ehemaligen Maschinenraum der Essener »Zeche Carl« zu einem sehr surrealistisch anmutenden Schlafzimmer umdekoriert. Hier und in einer kleinen Kirche auf demselben Gelände inszenierten sie eine

Jimmy im Rampenlicht – hier mit Brille.

kleine Geschichte um Gut und Böse, spielten mit verträumten Symbolen und rückten Paddy und Angelo als engelsgleiche Hauptdarsteller in den Mittelpunkt. Paddy zu ›Bravo‹: »Ich stelle im Video einen Engel dar, der vom Himmel auf die Erde kommt und mit dem Bösen konfrontiert wird. So 'n Dreh ist anstrengender als ich dachte, vor allem bei dieser Bullenhitze. Es ist für uns eine völlig neue Erfahrung, nicht vor einem Live-Publikum, sondern in eine Kamera zu singen. Als Filmfan fand ich das aber total aufregend.« Der deutsche Sender Viva, das Pendant

Auf der Bühne ist Kathy der Boß – und auf Tournee hat sie ein wenig die Rolle ihrer toten Mutter übernommen.

zu MTV, zeigte sich derart begeistert von diesem Video-Clip, daß die Verantwortlichen den Clip gleich mehrmals am Tag ins Programm nahmen.

Für die dritte Single-Auskopplung »Roses Of Red« schließlich spielten die Kellys einen knallbunt ausstaffierten Wanderzirkus, mit Kathy als geigende Zirkusdirektorin, Paddy als Zauberer und Maite in einem hübschen rot-grünen Kleid als Leadsängerin.

Vom Reiz ihrer energiegeladenen Live-Performance leben dagegen die Konzert-Videos der Kelly Family. »Tough Road« und »Tough Road, Volume Two« zeigten den denkwürdigen Auftritt der Familie in der ausverkauften Dortmunder Westfalenhalle. Und diese beiden Videos lassen nicht nur Noch-nicht-Fans nachvollziehen, was die Millionen treuer Verehrer an ihren Kellys so toll finden – vor allem Teil zwei beweist auch wieder einmal, daß die Kelly Family ihr Geschäft versteht. Ganz am Ende des wirklich gelungenen Live-Mitschnitts leuchtet der Schriftzug auf: »To be continued ...« Und wenig später: »... with Volume Three – Backstage«.

Einen schönen Rückblick auf die Zeit vor »An Angel« bietet das Live-Video »Street Life«. Im Dezember 1992 wurde dieses Video mitgeschnitten. Es zeigt ein Konzert der Kellys auf dem Berliner Alexanderplatz, enthält unter anderem das komplette Repertoire der Langspielplatte »Street Life«. Mit im Bild: die hochschwangere Kathy, die ihren Sohn Sean sozusagen schon vor der Geburt ins anstrengende Bandleben einführt. Es ging allerdings alles gut: Sean kam wenig später gesund zur Welt – und der Video-Mitschnitt wurde am 25. November 1993 in ›Bravo‹ zum »Video der Woche« gekürt. Urteil des Magazins: »Die totale Live-Power der Family und die einzigartige Konzertatmosphäre kommen voll rüber.«

Die Hit-Alben der Kellys

1993 gingen die Kellys für ihr neues Album gemeinsam mit dem Produzenten Hartmut Pfannmüller ins Studio. Pfannmüller hatte schon durch seine Zusammenarbeit mit Austro-Rocker Rainhard Fendrich ein gutes Gespür für melodische Songs für ein breites Publikum bewiesen.

Und die Vorschußlorbeeren waren offenbar berechtigt: Die CD »Wow« wurde ein echter Hammer.

Den Titel des Albums verdankten die Kellys einem ihrer prominentesten Fans – so jedenfalls will es die Anekdote, die gerne aus diesem Anlaß erzählt wird. Jon Bon Jovi, mit seiner eigenen Band seit Jahren selbst auf eingängige Hits abonniert, soll nach einem Konzert der Kelly Family derart hin und weg gewesen sein von seinen jungen Kollegen, daß der Rockstar aus New Jersey als Kommentar nur noch ein knappes »Wow, bei denen geht ja die Post ab!« hervorgebracht habe. Und »Wow« nannten die Kellys ihre neue CD denn auch.

Die Songs klangen stilistisch überraschend vielseitig, und in ihren Texten propagierten sie Freundschaft, Liebe und Naturverbundenheit. Was nicht heißen sollte, daß die Kelly Family nur kritiklos eine heile Welt besungen hätte. »Meistens erzähle ich kleine Geschichten«, erklärte Paddy der Zeitschrift ›Bravo‹. »In unserer nächsten Single ›One More Freaking Dollar‹ geht es um einen Penner, der auf der Straße um Geld bettelt. ›Take Away‹ ist ein fröhliches, irisches Lied über einen kämpferischen Typen, der sich gegen britische Besatzer auflehnt.« Und Patricia steuerte was fürs Herz bei: »Ich hasse es, wenn Menschen einander belügen, besonders in Liebesbeziehungen, deshalb schrieb ich ›No Lies‹.« Ein weiteres ihrer Lieder, das aber erst auf der nächsten CD veröffentlicht wurde, erzählte ebenfalls eine Liebesgeschichte, allerdings aus ungewöhnlicher Perspektive: »›For The First Time‹ ist ein Lied über die Sehnsucht nach Liebe. Ich habe es aus der Sicht einer Hure geschrieben, die zum ersten Mal jemanden trifft, der sie wirklich liebt und ihr Wärme und Geborgenheit vermittelt.«

Nachdem die Kellys nach der Veröffentlichung von »Wow« wieder auf Tournee gegangen waren und sich von einer immer größer werdenden Fangemeinde hatten feiern lassen dürfen, legten Paddy, Angelo, Kathy, Maite, Barby, Jimmy, Joey, John und Patricia im Frühjahr 1994 eine Konzertpause ein und gingen in ein Kölner Studio, um dort Songs für ihr nächstes Album aufzunehmen.

Das taten sie mit soviel Erfolg, daß es bald für die Pop-Fans in Deutschland kein Halten mehr gab. Vor allem die erste Single-Auskopplung »An Angel« lief Tag und Nacht in allen Radiostationen und schoß die Hitparade hinauf. Und Jimmy freute sich im ›Bravo‹-Interview: »Unfaßbar! Wir sind mit der CD in den Top Ten der deutschen Charts. Jetzt sind wir echte Popstars!«

»We Are The World, We Are The Children!"

»An Angel« löst eine Kelly-Manie aus

Im Sog dieses Bestsellers brach eine regelrechte Kelly-Manie im Land aus – und schon bald darauf ernteten sie den sichtbaren Lohn für ihren Erfolg: Während einer »After-Show-Party« überreichten die Geschäftsführer der Vertriebsfirma edel, Michael Haentjes und Chris Georgi, der Kelly Family eine Goldene Schallplatte für mehr als 250000 verkaufter Exemplare der Single »An Angel« sowie Platin für mehr als 500 000 verkaufter CDs »Over The Hump«. »Für die Kelly Family«, berichtete daraufhin das Branchenblatt ›Der Musikmarkt‹, »markiert die Platintrophäe den bislang größten Erfolg in der mittlerweile 15jährigen Karriere.«

Die Verleihung der Platin-Platte war zwar tatsächlich ein Meilenstein in der Karriere der Kellys, aber es sollte nicht der letzte sein. Schon wenige Monate später, im Frühjahr 1995, hatte sich »Over The Hump« mehr als 1,5 Millionen Mal verkauft – dafür ernteten Dan und Paddy und die anderen Dreifach-Platin. Ein Kenner der Kelly-Szene stellte einmal einige Zahlen rund um den Hit-Clan zusammen und kam im April 1995 zu einem recht beeindruckenden Fazit: Ende Februar belegte die Family gleichzeitig die Plätze eins bis vier in der Hitparade der meistverkauften Musikvideos, 800000 Exemplare wurden von Single »An Angel« verkauft – alles in allem wurde der Jahresumsatz des stark expandierenden Unternehmens Kelly Family für 1994 auf rund 50 Millionen Mark geschätzt.

»Wir haben jahrelang, ohne viel Werbung zu machen, hart an unserem Erfolg gearbeitet«, erklärte Johnny damals. »Irgendwann mußte der Erfolg ja kommen. Jetzt ist er da, und es ist schön. Ich denke, unsere Arbeit hat die Menschen überzeugt.«

»Wenn ich nicht Musik machen würde, wäre ich Ärztin geworden«: Patricia.

»Rauschgoldengel« Angelo mit seinen Schwestern Maite, Patricia und Barby.

Bald konnte die kleine Vertriebsfirma edel gleich noch ein Fläschchen köpfen. »Der absolute Spitzenrenner ist die Kelly Family«, jubelte das rührige Label in einer Pressemitteilung im Januar 1995. »Das Album ›Over The Hump‹ bekam Doppel-Platin! Die Single ›An Angel‹ wurde 800 000 Mal verkauft, das Album ›Christmas For All‹ heimste Gold ein, und sogar das Video ›Tough Road‹ wurde von Gold nicht verschont.«

Die Fans waren natürlich ebenfalls ganz aus dem Häuschen, als die neue CD der Großfamilie endlich in den Regalen der Plattenläden stand. »Schon seit Wochen hielt ich all mein Taschengeld zusammen, um mir die neue CD ›Over The Hump‹ von der Kelly Family kaufen zu können«, schrieb die 16jährige Sylvie aus Weissenfels an das Jugendmagazin ›Bravo‹. »Ich wurde nicht enttäuscht, sie ist spitze. Die Vollblutmusiker zeigen auch hier wieder ihre vielen Gesichter und ihr großes musikalisches Können. Danke Kellys, ihr seid unsere Champions!«

Sogar die musikalische Leiterin der Kelly-Band, Kathy, schien zufrieden mit der Platte und ihrem Erfolg. »Wir sind uns bewußt«, sagte sie, »daß wir mit ›Over The Hump‹ einen persönlichen musikalischen Meilenstein in unserer Karriere gesetzt haben. Deshalb haben wir das Album ›Over The Hump‹ – ›Über den Berg‹ genannt. Wir sind über einen Berg gestiegen, haben ein Ziel erreicht. Aber wenn man über die Kuppe eines Berges hinüber ist, sieht man erst einmal, wie großartig, schön und spannend die Landschaft ist, die sich dahinter erstreckt – was sie einem zu bieten hat und wie viele Berge es noch gibt. Es warten noch viele Herausforderungen auf uns!«

Die Kellys im Ausland

Auch wenn man es sich – angesichts der Charts-plazierungen und der riesigen Zahl von Konzertbesuchern in der Bundesrepublik – hierzulande kaum vorzustellen vermag: Im Ausland ist die Kelly Family ein mehr oder weniger unbeschriebenes Blatt. Freilich, in Spanien und Frankreich kennen sie manche noch von ihren Fiesta-Auftritten in den 70er Jahren. Und in Österreich, in der Schweiz und den Niederlanden sowie in Belgien und

Ein aktuelles Foto der Kelly Family (v.l.n.r.): Maite, Patricia (halb verdeckt), Paddy, Kathy, Angelo, Johnny, Joey und Barby. Jimmy fehlt leider auf diesem Bild.

Luxemburg hat die deutsche Kelly-Manie längst auch schon ein reges Interesse von Fans und Medien ausgelöst. Aber ansonsten: vorwiegend Fehlanzeige.

Das soll sich demnächst natürlich ändern. »Zuerst«, wurde Patricia im März '95 von der Zeitschrift ›Bunte‹ zitiert, »wollten wir in Deutschland den Durchbruch schaffen. Jetzt werden wir Frankreich und England erobern.« Und es steht nicht schlecht um die Chancen der Kellys auf eine ähnlich steile Karriere. Unter anderem machten die Kellys mit einem Auftritt im Londoner Hyde Park auf sich aufmerksam. Und dabei griffen sie auf das alte Erfolgsrezept zurück, das ihnen schon den Weg zur Karriere in Deutschland geebnet hatte: Sie spielten, ohne Eintritt zu verlangen. Und so beginnt das nächste Kapitel der Kelly-Story ...

Discographie

Die alten Platten – eine Auswahl:

Botschafter in Musik

Who'll Come With Me (David's Song)/ Greensleeves/ The Last Rose Of Summer/ Wenn ich ein Vöglein wär/ Lord Of The Dance/ Wenn weiße Wolken zieh'n (Song Of The Wind)/ Mull Of Kintyre/ La Pastorella/ Ein Vogel kann im Käfig nicht fliegen/ Boga Boga/ Knick-Knack-Song (This Old Man)/ La Montanara/ Danny Boy/ Kein schöner Land/ Auld Lang Syne/ Guten Abend, gut' Nacht.

Greensleeves

Greensleeves/ Rose Of Tra-lee/ La Montanara/ The Last Rose Of Summer/ Die Vogelhochzeit/ La Pastorella/ Guten Abend, gut' Nacht/ Danny Boy/ Muß ich denn zum Städtele hinaus/ Mull Of Kintyre/ Who'll Come With Me/ Sah ein Knab' ein Röslein steh'n/ Kein schöner Land/ Auld Lang Syne.

Guten Abend, gut' Nacht

Ein Vogel kann im Käfig nicht fliegen/ Alle Kinder brauchen Freunde (Child)/ Wenn die weißen Wolken zieh'n (Song Of The Wind)/ Die Freude am Leben kann uns niemand nehmen (Annie's Song)/ Und in dem Schneegebirge/ Die Vogelhochzeit/ Guten Tag/ Horch' was kommt von draußen rein/ Sah ein Knab' ein Röslein steh'n/ La Pastorella/ Kein schöner Land/ Guten Abend, gut' Nacht.

Kelly Family mit Herz

Lord Of The Dance/ The Last Rose Of Summer/ Alle Kinder brauchen Freunde/ Danny Boy/ Double-Decker-Bus/ Who'll Come With Me/ Kein schöner Land/ Muß ich denn zum Städtele hinaus/ Eagle Of The Breeze/ Rose Of Tralee/ Die Vogelhochzeit/ Mull Of Kintyre/ Sah' ein Knab ein Röslein steh'n/ Auld Lang Syne.

Lieder der Welt

Double-Decker-Bus/ Lord Of The Dance/ Eagle On The Breeze (Island By The Sea)/ The Last Rose Of Summer/ La Montanara/ Auld Lang Syne/ Who'll Come With Me (David's Song)/ Join This Parade (Scotland The Brave)/ Knick-Knack-Song (This Old Man)/ Mull Of Kintyre/ The Wearing Of The Green/ Old Black Joe.

Meisterstücke

Ein Vogel kann im Käfig nicht fliegen/ Wenn die weißen Wolken zieh'n (Song Of The Wind)/ Horch' was kommt von draußen rein/ Guten Tag/

KELLY FAMILY
Greensleeves
KELLY FAMILY
Guten Abend, gut' Nacht
Karussell
The Kelly Family
Over
KELLY FAMILY
mit Herz
Eagle On The Breeze
Kein schöner Land
Rose Of Tralee
Danny Boy
u.v.a.
Karussell
Lieder der Welt
Kelly-Family
Karussell
KELLY FAMILY
550 532-2
Meisterstücke
STAR
Kelly Family Gold
Die großen Erfolge
Spectrum
The Kelly Family
WOW

Danny Boy/ Mistrel Boy/ Rose Of Tralee/ Alle Kinder brauchen Freunde (Child)/ Die Freude am Leben kann uns niemand nehmen (Annie's Song)/ Die Vogelhochzeit/ Und in dem Schneegebirge/ La Pastorella/ Muß ich denn zum Städtele hinaus/ Greensleeves.

Star Gold
Die Vogelhochzeit/ Sah' ein Knab' ein Röslein steh'n/ Join This Parade/ Knick-Knack-Song/ Mull Of Kintyre/ Double-Decker-Bus/ Danny Boy/ The Last Rose Of Summer/ Estudiantina Portuguesa/ Mistrel Boy/ Eagle Of The Breeze/ Bendemeer's Stream/ Clavelitos/ Campanas.

Die aktuellen Platten:

1993: Wow
When The Last Tree.../ No Lies/ Too Many Ways/ One More Freaking Dollar/ Say Na Na/ Imagine/ Stay Beside Me/ Looking For Love/ Explosions/ Kickboxer/ Take Away/ Stronger Than Ever/ I Can't Stop The Love/ Oh, Johnny.

1994: Die schönsten Songs der Kelly Family (Sampler)
Join This Parade/ Wearing Of The Green/ Who'll Come With Me (Davd's Song)/ Old Black Joe/ Campanas/ Mull Of Kentyre/ Alle Kinder brauchen Freunde (Child)/ Double Decker Bus/ Lord Of The Dance/ Und in dem Schneegebirge/ Ein Vogel kann im Käfig nicht fliegen/ Cintas De Mi Capa/ Greensleeves/ Knick-Knack-Song (This Old Man)/ Annie Laurie/ Eagle On The Breeze (Island By The Sea)/ Danny Boy/ The Last Rose Of Summer/ Auld Lang Syne/ Guten Abend, gut' Nacht.

1994: Over The Hump
Why Why Why/ Father's Nose/ First Time/ Baby Smile/ Cover The Road/ She's Crazy/ Ares Qui/ Key To My Heart/ Roses Of Red/ Once In A While/ Break Free/ An Angel/ The Wolf/ Santa Maria.

1995: Die schönsten Songs der Kelly Family(Folge 2) (Sampler)
Ministrel Boy/ Guten Tag/ Clavelitos/ Bel Mont/ Wenn die weißen Wolken ziehen (Song Of The Wind) Die Vogelhochzeit/ Muß ich denn zum Städtele hinaus/ Estudiantina Portugesa/ Bendemeer's Stream/ Die Freude am Leben kann uns niemand nehmen (Annie's Song)/ La Pastorella/ Rose Of Tralee/ Peces En El Rio/ Boga Boga/ Horch, was kommt von draußen rein/ Agur Jaunak/ La Montanara/ Weißt du wieviel Sternlein stehen?

Plattenkritiken

... über die CD »Wow!«

›Bravo‹: »Mit ihren Kutten, Strohzylindern und Zöpfen stehen die irischen Kelly-Geschwister einzigartig da in der Popszene – mit ihrer Stimmgewalt ebenfalls.«

›Saturn-Magazin‹: »Country, Blues, Folk und Rock, die ganze Familie ist am Start und swingt, daß die Wände wackeln. Die Scheibe nennt sich ›Wow!‹ und das geht auch in Ordnung so.«

›Stereoplay‹: »An diesem Familienclan hätte Gotthilf Fischer seine helle Freude. Eine Musik, so romantisch und anrührend wie die Romane von Rosamunde Pilcher.«

›Südwest-Zeitung‹: »›Wow‹, exzellent produziert, überzeugt durch eine ausgewogene Mischung aus prickelnden Pop-Perlen (›Explosions‹), subtilen Balladen (›When The Last Tree ...‹) und packenden Rock-Ohrwürmern.«

... über die CD »Die schönsten Songs«

Das Branchenblatt ›GDM Musikmagazin‹: »In einer Zeit, in der eine Familie mit drei Kindern schon als asozial gilt, füllt die musikalische Großfamilie Kelly die größten Hallen Deutschlands. Grund genug für die Polydor, ihre schönsten Lieder digital auf zwei Sampler zu pressen.«

›Bravo‹: »Ein Schmankerl für Fans: Die schönsten Lieder aus den Anfängen der Kelly Family (1979/80) in einer Neuveröffentlichung. Hier singen Vater Dan und Mutter Barbara noch mit.«

... über die CD »Over The Hump«

Das Stuttgarter Stadtmagazin ›Lift‹: »Die schrecklich nette Familie aus den Highlands liefert wieder eine knappe Stunde lang Freude, Wehmut, Tradition und Melodik. Eigentlich nichts dagegen zu sagen. Wenn es bloß nicht immer so banal und offensichtlich auf schlichte Gemüter getrimmt wäre.«

›Mädchen‹: »Mit der Größe der Familie wuchs auch der Erfolg! Kein Wunder, wenn sich der gesamte Nachwuchs als hochmusikalisch entpuppt.«

›**Heim und Welt**‹: »Das aktuelle Album der Kelly Family ist sicherlich das ehrgeizigste, abwechslungsreichste und ausgefeilteste Werk, das die Kellys je abgeliefert haben. Zum ersten Mal greifen die Kellys auf ihre spanischen Ursprünge zurück, wo sie vor Jahren mit ihrer Musik begannen.«

›**Blitz Illu**‹: »Auch mit ihrem zwölften Album segelt die Kelly Family auf Hitkurs. Eingängige Ohrwürmer wechseln mit Gänsehaut-Balladen.«

›**Neue Revue**‹: »Noch nie kamen ihre Stimme besser zur Geltung als auf diesem zwölften Album. Voller Traurigkeit und Sehnsucht bei ›An Angel‹, mit Paddy und Angelo am Mikro. Wach und fröhlich dagegen der Starter ›Why, Why, Why‹.«

›**Bild am Sonntag**‹: »Jetzt ist die Kelly Family übern Berg. Nach Tingeltangel und Jahrmarktauftritten scheint die Familie jetzt den Durchbruch geschafft zu haben.«

›**Frankfurter Neue Presse**‹: »In der Vergangenheit mehr dem klassischen Folk zugetan, ist der neue Output abwechslungsreicher ausgefallen, möglicherweise weil diesmal das Songwriting von der singenden Familie erledigt wurde. Ein, wie es scheint, durchweg gelungener Kurswechsel.«

›**Music News**‹: »Das ehrgeizigste, abwechslungsreichste und ausgefeilteste Werk, das die Kellys je abgeliefert haben, wurde auch zu ihrem größten Hiterfolg. Starke Balladen, der unverwechselbare Sound mit starken Chören und eingängigen Melodien trugen zum Erfolg ebenso bei, wie der Rückblick auf spanische Ursprünge.«

›**Bravo**‹: »Sollte irgend jemand die Kelly Family musikalisch nicht ernst genommen haben – durch dieses Hammeralbum wird er eines besseren belehrt.«